大人になる君に知ってもらいたいこと

法的思考のススメ

尾島史賢

関西大学出版部

はじめに

　成年年齢を 18 歳に引き下げることを内容とする「民法の一部を改正する法律」が、2022 年 4 月 1 日から施行されます。これにより、18 歳に達した「あなた」は「大人」の仲間入りです。

　これまでは、成年と未成年との間には大きな違いがありました。

　「契約の拘束力」という観点からは、20 歳未満であれば、「未成年者取消権」を行使していったん締結した契約を取り消すことができました。未成年者というだけで契約の拘束力から解放されることができたのです。

　成年年齢が 18 歳に引き下げられると、18 歳に達したあなたは、もはや未成年者取消権を行使することができなくなってしまいます。20 歳になるまで未成年者取消権を行使できたことに比べれば、未成年者の保護は後退してしまったようにも思われます。しかし、そうではなく、18 歳になったあなたを大人として認め、社会においてあなたに責任ある地位を担ってもらうという意味では、むしろ大人としての地位が確立されたとも考えられます。

　大人には「責任」が伴うのです。

　この責任には、法的なものや道義的なものがありますが、本書で取り上げる責任は、主に「法的な責任」です。

　いったん契約を締結したら、その契約に基づいて法的な責任を負わなければなりません。契約を一方的に破棄すれば、損害賠償責任が発生するかもしれません。

　本書では、大人になるあなたが直面する様々な Case を想定してみました。

　これまで法律によって保護されていたものがなくなるということは、あなたがトラブルに巻き込まれる可能性が高まることを意味します。

　そして、トラブルに直面したときには、法律に則って物事を解決する力が必要になります。そのためには、法的な思考を養うことが重要です。この法的な思考のことを「Legal Mind（リーガルマインド）」といいます。

　法律は社会におけるルールです。そのルールに基づいて物事を捉え直

すことは、あなたの学生生活や日常生活を豊かにすることにつながると思います。

　「大人になる君に知ってもらいたいこと」というサブタイトルのとおり、高校生や大学生向けに執筆していますので、自分がトラブルに直面したらどうすべきか、という観点で本書と向き合ってください。

　本書は、SECTION 1 ～ 12 で構成されています。それぞれあなたが直面する出来事を想像しながら執筆しました。【Case】において具体的な事例を提示し、これに対する一定の答えを【Answer】において記載しています。あなたも事例を読みながら答えを想像してください。

　【Advice on one point】では、豆知識的なワンポイントアドバイスを掲載していますので、興味を持ったら自分でより深く調べてみてください。

　そして、【考えてみよう─Additional Questions─】では、SECTIONを通じて養った Legal Mind を駆使して考えていただく問題を提供しています。ぜひ皆さんで考えてみてください。

　2021 年 9 月
　本書が社会に巣立つあなたの一助となることを願って

　　　　　　　　関西大学大学院法務研究科教授・弁護士　尾島史賢

もくじ

はじめに

Section 1 Legal Mind で読み解く「日常生活」 ⋯⋯ 007

Section 2 Legal Mind で読み解く「住まい」 ⋯⋯ 017

Section 3 Legal Mind で読み解く「アルバイト」 ⋯⋯ 029

Section 4 Legal Mind で読み解く「消費者」 ⋯⋯ 039

Section 5 Legal Mind で読み解く「恋愛」 ⋯⋯ 051

Section 6 Legal Mind で読み解く「お酒」 ⋯⋯ 061

Section 7 Legal Mind で読み解く「交通事故」 ⋯⋯ 071

Section **8** Legal Mind で読み解く「薬物」 ⋯⋯ 081

Section **9** Legal Mind で読み解く「就職活動」 ⋯⋯ 091

Section **10** Legal Mind で読み解く「倒産」 ⋯⋯ 101

Section **11** Legal Mind で読み解く「相続」 ⋯⋯ 109

Section **12** Legal Mind で読み解く「刑事裁判」 ⋯⋯ 119

思考のヒント ⋯⋯ 129

あとがきにかえて

Section 1

Legal Mind で読み解く
「日常生活」

Case 1 黙っておつりを余分に 受け取ったら!?

　大学に最寄りのコンビニエンスストアで、大学生のＡが昼食の弁当（900円）を購入するため店員に5000円札を差し出したところ、店員はおつりを数えだし、Ａに9100円を渡そうとしていました。店員はＡが差し出したお札を1万円札と勘違いしているようです。Ａはこれに気づきましたが、5000円余分にもらえるならよいかと思い、黙って弁当と9100円を受け取って帰りました。

　Ａには何か犯罪が成立するのでしょうか。

○ Answer 1 ш

　Ａには詐欺罪（刑法246条）が成立する可能性があります。

　詐欺罪は、人を欺いて財物を交付させた場合に成立します（財産上不法の利益を得たり、他人にこれを得させたりする場合も同様です）。10年以下の懲役に処せられますので重罪です。

　「人を欺いて財物を交付させた」というためには、欺罔行為（ぎもうこうい）により、相手を錯誤に陥らせ、処分行為の結果、財物・財産上の利益が行為者に移転することが必要になります。そして、欺罔行為には、作為の欺罔行為（積極的に人を欺くこと）だけでなく、不作為の欺罔行為（告げるべきことを告げずに人を欺くこと）も含まれます。

　Ａは、店員がおつりの額を4100円であるのに9100円であると勘違いしていること（錯誤に陥っていること）に気づいています。それなのに、殊更間違いを指摘することなく（不作為の欺罔行為）、漫然と9100円を交付させ（財物の処分行為）、それを受け取り立ち去っていますので（財物の移転）、詐欺罪が成立してしまうのです。

　誰にでも間違いはあります。その間違いに乗じて利益を得ようとする行為は処罰されるべきです。

　おつりの額が間違っていることに気づきながらそれを言わないのは、積極的に人を欺いているのと同じであると評価されてしまうのです。Ａは、店員の間違いに気づいた時点で直ちに申告しなければなりません。

　おつりの額が間違っていると店員に告げるだけでよいのです。たったそれだけでＡが加害者になったり、店員（コンビニエンスストア）が被害者になったりせずに済むのです。

Case 2 おつりを余分に受け取ったことに気づいたら!?

Case1 で、A がコンビニエンスストアを出た後、おつりを余分に受け取ったことに気づきながらも立ち去った場合はどうでしょうか。

A には何か犯罪が成立するのでしょうか。

Answer 2

A は、おつりを受け取るときにはその額が多いことに気づいていませんので、店員を欺いているわけではありません（欺罔行為の不存在）。

したがって、A には詐欺罪（刑法 246 条）は成立しません。

しかし、おつりを余分に受け取ったことに気づきながらも、そのまま立ち去った場合には、占有離脱物横領罪（刑法 254 条）が成立する可能性があります。

占有離脱物横領罪（遺失物等横領罪とも呼ばれています）は遺失物、漂流物その他占有を離れた他人の物を横領した場合に成立します。占有離脱物横領罪が成立すると、1 年以下の懲役又は 10 万円以下の罰金若しくは科料に処せられます。

A は、コンビニエンスストアを出た後、すぐにおつりを余分に受け取ったことに気づきながらも、そのまま立ち去っています。そうすると、A は、占有を離れた他人の物（5000 円）を領得（横領）したことになりますので、A には占有離脱物横領罪が成立する可能性があります。

Advice on one point

窃盗と占有離脱物横領の違い

窃盗と占有離脱物横領の違いはどこにあるのでしょうか。

窃盗は「窃盗及び強盗の罪」の章に、占有離脱物横領は「横領の罪」の章に定められています。

窃盗は他人の財物を窃取した場合（他人が財物に及ぼしている占有を他人の意思によらずに移転する場合）に成立しますが、横領は自己の占有する他人の物を領得した場合（もともと占有している他人の物を領得した場合）に成立します。

したがって、他人の物に対して占有が及んでいるかどうかという点がポイントになり、他人の物に対する「占有」を侵奪するのが窃盗、自己が占有している他人の物に対する「所有権」を侵害するのが横領ということになります。

詐欺も、他人の財物に対する占有を欺いて交付させる場合に成立します。

Case 3 借りた DVD を 傷つけてしまったら !?

　大学生の B は、友人 C から好きなロックバンドの DVD を借りていました。ところが、自宅で DVD を見終わって片付けているときに飼っている猫がディスクをかじって傷つけてしまいました。

　C は B に DVD を貸したことすら忘れているようですが、B は C に DVD を傷つけてしまったことを伝えるべきなのでしょうか。

○ Answer 3 ロ

　B は C から DVD を無償で借りていますので、使用貸借契約（民法593 条）が成立しています。B は契約又はその目的物の性質によって定まった用法に従い、その物の使用及び収益をしなければなりません（民法594 条 1 項）。そして、契約の本旨に反する使用又は収益によって損害が生じた場合には、B は C に対してその損害を賠償する必要があります（民法600 条 1 項）。

　飼い猫がディスクを傷つけてしまったことは契約の本旨に反する使用ですから、B は C に対して損害を賠償しなければなりません。すなわち、借りていた DVD と同じ DVD の購入費用を損害として賠償しなければならないことになります。

　しかし、B と C の使用貸借契約は期間の定めのないものですし、使用及び収益の目的を定めたものでもありませんので、B は C から返還を求められるまでは借りている DVD を返還する義務はありません。そうすると、B はこのまま黙っていれば C から DVD の返還を求められることはないかもしれません。

　一方で、これを貸主である C の側から見てみます。使用貸借の期間並びに使用及び収益の目的を定めなかったときは、貸主は、いつでも契約の解除をすることができるとされていますので（民法598 条 2 項）、C は、B に貸していた DVD を返してほしいと思った時期に契約を解除して DVD の返還を求めることができます。すなわち、C は、B に DVD を貸していたことを思い出せばいつでも返還を求められるのです。

　B としては C が DVD の返還を求めてくるまでは内緒にしておくことも考えられますが、友人なのであれば大事な DVD を傷つけてしまったことを正直に伝えて謝罪し、対応を相談すべきでしょう。

共有とは

　物品を無償で貸したり借りたりすることはよくあることでしょう。特に、大学時代には給料や定期的な収入がありませんので、友人とアルバイトで貯めたお金を出し合って共通の趣味の物品を購入したりすることもあるでしょう。これを「共有」といいます。共有についても民法で定められています。

　まず、各共有者は、共有物の全部について、その持分に応じた使用をすることができるとされています（民法249条）。そして、各共有者の持分は、特に定めがなければ相等しいものと推定されます（民法250条）。

　ここで「持分に応じた使用」とはどういうことか説明しましょう。仮に、BとCが平等にお金を出し合い、αという物を購入したとします。αに対するBとCの持分はそれぞれ2分の1です。Bは持分が2分の1であるからといってαの2分の1部分しか使用できないというわけではありません。Bは、共有物の「全部」について使用することができます。一方で、BがCに対して何らの対価を支払うことなく、αを独占して使用することはできません。CはBに対して共有物の使用方法について協議を求め、対価の支払いを請求することができます。もっとも、この場合でもCはBに対してαの引渡しを求めることはできません。このように、「持分に応じた使用」とは、各共有者は、共有物の全部について使用することができるものの、自己の持分割合を超えて使用している部分については、他の共有者に対して対価を支払うなど共有物の使用方法について協議をする必要があるということを意味します。なお、共有者間で共有物の使用方法について協議をしてもこれが調わない場合には、各共有者は共有物の分割を請求することになります（民法256条）。

　したがって、友人とお金を出し合って物品を購入する場合でも、お金をいくらずつ出し合うのか（持分割合をどうするのか）、最終的な所有権は誰に帰属するのか、いつまで自分の手元に保有しておいてよいのかなど、共有物の使用方法をきちんと決めておく必要があります。友人だからといって曖昧なまま物事を進めていくと、一方に不満が溜まりトラブルに発展することがよくあります。トラブルの芽は事前に摘んでおくことが大切です。

Case 4 お金の貸し借りでトラブルになったら!?

　大学生のDは、友人Eから「1万円を貸してほしい」と言われ、ちょうどアルバイトの給料が入ったところだったので、安易にEの求めに応じて1万円を貸してしまいました。その後、半年が経ちましたが、Eからは返済の話どころか連絡もありません。

　Dはどうすればよいのでしょうか。

Answer 4

　お金の貸し借りは「消費貸借契約」（民法587条）に当たります。（金銭）消費貸借は、当事者の一方が種類、品質及び数量の同じ物をもって返還をすることを約して相手方から金銭その他の物を受け取ることによって、その効力を生ずるとされています。このように、金銭消費貸借は金銭を受け取った時点で効力が生じます。通常は、利息の有無や返還の時期についても定めることになります。なお、貸主は、特約がなければ、借主に対して利息を請求することができません（民法589条1項）。

　一方で、返還の時期を定めなかった場合でも、貸主は、相当の期間を定めて返還の催告をすることができます（民法591条1項）。この相当の期間は1週間程度といわれています。

　DはEに対して返還の時期を定めずに1万円を貸し付けていますので、1週間程度の期間を定めて返還を請求することができます（利息は請求できません）。

Advice on one point

お金の貸し借り

　お金の貸し借りが原因で、友人関係が壊れることもあります。友人が困っているのを放っておけず、お金を貸してあげたのに借りていないと言われたり、借りたのではなくもらったものだと言われたりするのは悲しいですよね。

　お金の貸し借りはできるだけ避けるべきです。お金を貸す側も借りる側もお金の貸し借りは「契約」（金銭消費貸借契約）だという認識を持つべきでしょう。そして、貸し借りしたお金の返還時期などについてトラブルにならないよう、きちんと契約書を作成すべきです。契約書を作成している時間がない場合でも、借主から貸主に対して差し入れる借用証は最低限用意すべきでしょう。

Case 5 盗まれた自転車を取り返す際、相手に怪我をさせてしまったら!?

　大学生のFは、自宅の最寄り駅にある駐輪場に自転車を停めていました。ある日、盗難防止のためのチェーンが破壊されており、自転車が盗まれたことに気づきました。Fは、最寄りの警察署に被害届を出しましたが、担当の警察官から自転車が戻ってくる可能性は低いと言われてしまいました。

　ところが、なんと目の前をFのものによく似た自転車に乗った男性（G）が通りすぎていくではありませんか。Fは慌てて追い掛け、信号待ちをしていたGに追い付きました。FはGに対して、これは自分の自転車だと告げて返還を求めました。この自転車にはFの好きなアーティストのシールが貼ってあり、Fの自転車に間違いありません。一方で、GもFに対して、「この自転車は自分のものだ」と主張して譲りません。信号が変わりGが逃げようとするので、Fは思わずGを自転車から引きずり下ろしてしまいました。その際に、Gが着ていたスーツが破れ、Gは膝から出血しています。Gは激怒し、Fを傷害罪（刑法204条）で告訴すると主張しています。

　Fには何か犯罪が成立するのでしょうか。

Answer 5

　法治国家では、自力救済が禁止されています。盗まれた物を取り返したい気持ちは分かりますし、腹も立つでしょう。しかし、盗まれた物を力ずくで取り返すことが許されてしまうと、法律が必要なくなってしまいますし、社会秩序が乱されてしまいます。悪いことをした人は、法によって裁かれ、その制裁の下で社会秩序の安定が図られるべきです。

　FがGを自転車から引きずり下ろしたのは、自己の財産に対する現在の危難を避けるため、やむを得ずにした行為であるといえそうです。このため、Fには緊急避難（刑法37条1項）が成立しそうですが、緊急避難はこれによって生じた害が避けようとした害の程度を超えなかった場合に限り処罰されません。

　Fは自己の財産を守るためやむを得ずにしていますが、その程度を超えてGに怪我をさせていますので「過剰避難」となり、傷害罪ではなく、過失傷害罪（刑法209条1項）が成立する可能性が高いです。

Case 6 鞄が当たり高齢者に怪我をさせてしまったら!?

大学生のHは電車で通学していました。大学の最寄り駅で降りようとしたところ、電車内が混雑していたので人込みをかき分けて降車しました。すると、後ろのほうで「痛い」という悲鳴が聞こえてきました。どうやら高齢者が転倒して怪我をしたようです。Hには高齢者を転倒させた認識はありませんでしたが、人込みをかき分けて降車したので、もしかしたらそのときに鞄が当たってしまったのかもしれません。Hは、講義に遅れそうなのでそのまま立ち去ろうとしましたが、後ろから呼び止められました。

Hはどうすればよいのでしょうか。

Answer 6

高齢者が転倒して怪我をしていますので、Hに傷害罪（刑法204条）が成立するかどうかが問題となります。しかし、Hは故意に（わざと）高齢者に怪我をさせたわけではありません。したがって、Hに傷害罪が成立することにはならないでしょう。では、Hがわざとではなく、誤って高齢者を転倒させてしまった場合、Hには何か犯罪が成立するのでしょうか。

この点については、「わざと」ではなくても、「誤って」（これを「過失」といいます）人の身体を傷害した者には、過失傷害罪（刑法209条1項）が成立する可能性があります。したがって、Hの鞄が高齢者に当たり、その結果、高齢者が転倒して怪我をしたとすれば、Hには過失傷害罪（刑法209条1項）が成立してしまうことになります。

少なくとも、Hの行為が原因で高齢者が怪我をしている可能性があるのですから、怪我をした高齢者にきちんと向き合うべきでしょう。

Hとしては、講義に遅れそうだからという理由でそのまま立ち去るのではなく、高齢者を降車させたうえで、駅員を呼び事情を説明して、必要ならば病院への搬送を依頼すべきでしょう。

わざと他人に怪我をさせた場合に傷害罪が成立するのは当然ですが、誤って他人に怪我をさせてしまった場合でも過失傷害罪という犯罪が成立します。周りの人に怪我をさせないよう細心の注意を払うとともに、心の余裕も持ちたいものですね。

故意と過失の違い

故意と過失の違いは微妙です。

自分以外に助けられる人がいないのに、大怪我をしている人を「もしかしたら死んでしまうかもしれない」と思いながら放置した結果、その人が亡くなってしまえば、殺人罪（刑法199条）が成立してしまうことになるかもしれません（不作為の殺人）。「もしかしたら死んでしまうかもしれない」という意思のことを「未必の故意」といいます。一方で、その人を保護すべき義務があるのに放置して死なせてしまった場合（まさか死ぬとは思っていなかった場合）には、保護責任者遺棄致死罪（刑法219条）が成立する可能性があります。

「未必の故意」と「認識ある過失」とでは、ほとんど言葉の問題であるように思われます。結果の発生を「認容」しているかどうか（「もしかしたら死んでしまうかもしれない」として死という結果を「認容」しているかどうか）の違いといってよいのかもしれません。

考えてみよう
Additional Questions

大学生のIは、ある日、書店で気になる本を購入して店外に出ようとしたら、土砂降りの雨になっていました。書店の傘立てを見ると、その中に埃まみれの傘が数本ありました。Iはこれまでに何度も傘を盗まれたことがあるし、これらの傘は誰かが忘れていったか捨てた物だろうから持っていってもよいのではないかと思い、無断で拝借してしまいました。

Iには何か犯罪が成立するのでしょうか。

015

日常生活

大人になる君へ

　目の前で理不尽なことが起こると、感情的になってしまうこともあるでしょう。人間である以上それは止められません。一方で、人間には理性があります。感情を理性で抑えることも大人になるためには必要です。

　目の前で理不尽なことが起こっても殊更冷静でいられるような感情のない大人にはなってほしくありませんが（怒るときは怒ってよいと思います）、怒りの矛先を誰に、どのように向けるのか、そしてそれがどのような効果を及ぼすのか、ということを冷静に考えられる大人になりたいものですね。

　また、あなたのほんの少しの不注意が、大きな結果を引き起こしてしまうこともあります。もっとも、細心の注意を払っていても避けられないことはあるでしょう。

　起きてしまったことを後悔するよりも、引き起こされる結果を最小限にするための努力をすべきでしょう。

　私たちが生活していく中でも、常に危険は潜んでいます。あなたが加害者になったり、被害者になったりするのです。そのことを自覚しながら生活したいものですね。

Section 2

Legal Mind で読み解く
「住まい」

Case 1　借りている部屋を無断で友人に貸したら!?

　大学生のＡは、10階建てワンルームマンションの501号室（5階）を賃借しています。このマンションには、各階5戸合計50戸の居住者がいます。ベランダは防火用の仕切り板で仕切られています。賃貸借契約において定められた禁止事項には、次のようなものがあります。

（ア）貸主に無断で賃借権を譲渡したり、転貸したりすること
（イ）貸主に無断で増改築をしたり、リフォームをしたりすること
（ウ）大音量でテレビを見たり、音楽を聴いたり、カラオケをしたりすること、ピアノなどの楽器の演奏をすること
（エ）ベランダでの喫煙
（オ）共用部分の階段や廊下に物品を置くこと
（カ）ペットなどの飼育

　Ａは、夏休みの間（約2か月間）海外に留学することが決まりました。その間、自分が借りている部屋は誰も住まないのに賃料（家賃）だけ支払わなければならないというのではもったいないと思い、友人Ｂに無償で貸すことにしました。
　Ａの行為には何か問題があるのでしょうか。

○ Answer 1 ↳

　賃貸借契約は、貸主がある物の使用及び収益を借主にさせることを約し、借主がこれに対してその賃料（家賃）を支払うこと及び引渡しを受けた物を契約が終了したときに返還することを約することによって効力を生ずる、とされています（民法601条）。これは、賃貸借契約が貸主と借主の信頼関係に基づいていることを表しています。貸主の側から見れば、貸した物をきちんと返してもらえるという信頼、貸している間はきちんと賃料（家賃）を支払ってもらえるという信頼、一方で、借主の側から見れば、賃料（家賃）を支払っている間はきちんと物を借り続けられるという信頼、正当の事由がなければ賃貸借契約を途中で終了させられないという信頼がお互いにあります。そして、賃貸借契約では、「貸主に無断で賃借権を譲渡したり、転貸したりすること」が禁止事項

として定められています。貸主は借主を信頼して賃貸借契約を締結していますので、借主が信頼を裏切り禁止事項に違反した場合には、貸主は契約を解除することができるとされているのです。

では、Ａが借りている部屋を夏休みの間友人Ｂに無償で貸す場合はどうでしょうか。無償とはいえ、約2か月という長期間、借主以外の第三者に自分が借りている部屋を貸すのは無断転貸となる可能性があります。

Ａは、貸主から禁止事項に違反したとして、賃貸借契約を解除されてしまう可能性がありますので注意しましょう。

なお、長期間不在の場合には、貸主に届け出ることを賃借人の義務としている場合もあります。Ａは、貸主に対して、夏休みの間海外に留学する旨を伝えておくほうがよいと思われます。

Case 2 借りている部屋のクロスを張り替えたら!?

Case1で、Ａは、大学でデザインの勉強をしていることから、部屋のクロスを自分がデザインしたものにしたいと考え、貸主に無断で部屋のクロスを全て張り替えてしまいました。

Ａの行為には何か問題があるのでしょうか。

Answer 2

賃貸借契約では、「貸主に無断で増改築をしたり、リフォームをしたりすること」が禁止事項として定められています。クロスの張り替えがリフォームに当たるかどうかがポイントになってきます。キッチンの場所を変えたり、バス・トイレを入れ替えたりすることはリフォームに当たるでしょうが、クロスの張り替え自体がリフォームに当たるとされることは少ないでしょう。したがって、Ａが直ちに賃貸借契約を解除される可能性は低いと思われます。しかし、賃借人には原状回復義務がありますので、契約が終了したときには元のクロスに戻して返還しなければなりません。その際に、元のクロスが製造中止となっており、同じ型番のものがなく、ほかの部屋と統一が取れないなどと貸主からクレームが出る可能性もありますので、注意する必要があります。

Case **3** 窓を開けて
ギターを弾いていたら!?

　Case1で、Ａは、大学生になったらバンドを組んで演奏するのが夢
だったので、毎日一生懸命アコースティックギターの練習をしていまし
た。Ａは、気持ちの良い気候になってきたので、窓を開けながらギター
を弾いていました。すると、貸主から連絡があり、「ギターの音がうる
さいと近隣から苦情が出ている」と言われました。

　賃貸借契約では、「大音量でテレビを見たり、音楽を聴いたり、カラ
オケをしたりすること、ピアノなどの楽器の演奏をすること」が禁止事
項として定められています。Ａは、「ギターの演奏をすること」は禁止
事項に含まれていないと思っていました。

　Ａの行為には何か問題があるのでしょうか。

Answer **3**

　確かに、禁止事項には「ギターの演奏をすること」とは明確に記載さ
れていません。しかし、禁止事項はあくまで例示です。賃貸借契約で
は、「大音量でテレビを見たり、音楽を聴いたり、カラオケをしたりす
ること」に続いて「ピアノなどの楽器の演奏をすること」が禁止事項と
して定められています。通常、ピアノの音は大きく近隣に響くことが多
いので、禁止事項とされているのです。

　ところで、近隣と「騒音」が問題になった際には、「受忍限度」を超
えているかどうかが基準となります。通常の人を基準に考え、社会通念
上、その音が我慢の限界を超えるような場合には不法行為が成立し、そ
れを超えない場合には不法行為は成立しないとされています。

　アンプを使ったエレキギターの演奏は大音量となりますので、通常の
人を基準に考えると受忍限度を超えることが多いと思われます。一方
で、アコースティックギターの演奏が受忍限度を超えることはそれほど
多くはないでしょう。もっとも、窓の開閉や時間帯、音量次第では、人
によって我慢の限界を超えることがあるかもしれません。この場合には
禁止事項に当たる可能性がないとは言い切れません。

　人によって我慢の限界の程度が異なりますので、自分の感覚で「この
程度なら大丈夫だろう」と安易に考えず、近隣に対して配慮する姿勢が
大切です。

Case1で、Aの部屋にサークルの先輩Bが遊びに来ました。Aは、Bから「たばこを吸ってよいか?」と聞かれ、部屋の中でたばこを吸われるのは嫌だったので、「ベランダで吸うのならよいです」と答えてしまいました。Aは「ベランダでの喫煙」が禁止されていることは分かっていましたので、Bに「たばこの灰を下の階に落としてはいけないので、携帯灰皿を使用してください」と伝えました。Bは「分かっている」と言い、携帯灰皿を使用していました。

ある日、マンション1階のエレベーターホールの人目につくところに、「ベランダでたばこを吸っている人がいます。近隣の迷惑になりますので絶対にやめてください。発見したら退去してもらうことになりますのであらかじめご了承ください」と張り紙がしてありました。Aは、自分が吸っているわけでもないし、Bは携帯灰皿を使用しているから大丈夫だろうと考え、今後もBが来たときにはベランダでたばこを吸ってもらおうと思っています。

Aの行為には何か問題があるのでしょうか。

Answer 4

賃貸借契約で定められている禁止事項は、自分だけでなく来訪者にも守ってもらわなければならないルールです。そして、そのルールにはそれぞれ理由があります。

「ベランダでの喫煙」が禁止事項とされているのは、ベランダは防火用の仕切り板で仕切ってあるにすぎないことが多いため、たばこの灰が散乱するだけでなく、臭いが洗濯物についてしまうなどの弊害があるからです。また、たばこの火の不始末が原因で火災が発生するリスクも否定できないことから、「ベランダでの喫煙」が禁止事項とされているのです。

今後も、AがBのベランダでの喫煙を容認し続けるような場合には、禁止事項に違反したとして注意を受けるだけでなく、契約を解除されてしまう可能性もあります。

ベランダでの喫煙のせいで、住む場所を失ってしまうことにもなりかねないのです。ベランダでの喫煙は絶対にしてはいけません。

Case 5 部屋の前の廊下に私物を置いたら!?

Case1で、Aは、マンションから最寄り駅まで歩いて15分程度かかり不便であるため、折り畳み式自転車を購入しました。しかし、マンションの駐輪場を借りると毎月1000円が余分にかかってしまうことから、自分の部屋の前の廊下にこの折り畳み式自転車を置いていました。すると、貸主から連絡があり、「廊下に私物を置くのは禁止されているので直ちに撤去してください」と言われました。

Aの行為には何か問題があるのでしょうか。

Answer 5

賃貸借契約では、「共用部分の階段や廊下に物品を置くこと」が禁止事項として定められています。あくまで、Aが借りているのは自分の部屋（501号室）の中だけです。ベランダも共用部分ですが、居住者に専用使用が許されているにすぎません。階段や廊下は共用部分ですので、これらの場所に私物を置くのは禁止されています。Aが廊下に折り畳み式自転車を放置し続けると、最終的には貸主によって撤去されてしまうかもしれません。そのため、折り畳み式自転車を自分の部屋の中に入れるか、駐輪場を借りるなどの対応をする必要があります。

Advice on one point

賃貸借契約とは

賃貸借契約は、当事者の一方がある物の使用及び収益を相手方にさせることを約し、相手方がこれに対してその賃料（家賃）を支払うこと及び引渡しを受けた物を契約が終了したときに返還することを約することによって、その効力を生じます（民法601条）。

借主は、賃料（家賃）を支払うだけでなく、賃貸借契約が継続している間は、その契約の対象物を善良な管理者の注意をもって管理しなければなりません。これを借主の「善管注意義務」といいます。そして、借主は、賃貸借契約が終了した際には、借りていた物を原状に復して返還しなければなりません。これを借主の「原状回復義務」といいます。

貸主は、賃貸借契約の対象物を借主に使用及び収益させるために必要な修繕をする義務（修繕義務）を負います。借主は、借りているマンションの部屋が雨漏りするなどの場合には、貸主に対してその修繕を求めることができます。

Case 6 部屋の中でペットを飼育していたら!?

　Case1で、Aは、一人暮らしの寂しさを紛らわすためペットを飼おうと思い、ペットショップに行きました。犬や猫の飼育が禁止されていることは分かっていましたので、そのことをペットショップの店員に伝えると、亀なら問題ないのではないかと言われました。勧められた亀はとてもかわいらしく気に入ったので、Aは亀と飼育セットを購入して自宅で飼い始めました。

　ところが、ある日、亀が逃げ出して部屋からいなくなってしまいました。そこで、マンション1階のエレベーターホールに、「亀を見つけたら501号室まで連絡をください」という張り紙をしました。すると、貸主から連絡があり、このマンションはペットの飼育が禁止されているので、亀を飼い続けるなら退去してもらいたいと言われました。

　Aの行為には何か問題があるのでしょうか。

Answer 6

住まい

　賃貸借契約では、「ペットなどの飼育」が禁止事項として定められています。「ペットなど」に何が当たるかについては解釈に委ねられていますが、ほかの居住者が嫌悪感を抱くような生き物の飼育や居室に悪影響（臭いやごみなど）を及ぼすような生き物の飼育が禁じられていると解釈するのが妥当でしょう。

　そうすると、かわいらしい亀であっても嫌悪感を抱く人はいるでしょうし、自分がよいと思っても、ほかの居住者が同様によいと思ってくれるかどうかは分かりません。亀であっても逃げ出すことは考えられるわけですから、貸主に亀を飼ってよいか事前に確認しておくべきでしょう。そのほかにも、熱帯魚やカブトムシ、クワガタムシなどの飼育は問題ないのかなど、いろいろ気になることはありそうです。いずれにせよ、貸主にきちんと確認してから飼うべきでしょう。

　Aは、亀が戻ってきても飼い続けることはできない可能性が高いです。ペットショップなどに相談して、亀の引き取り先を探すなど適切な対処をすべきでしょう。

　ペットは生き物です。安易に飼い始めるとその取扱いに困ることになります。慎重に考えてから飼うようにしましょう。

Case 7 敷金って!?

Case1 で、A は、借りていた一人暮らしの部屋を引き払い、実家から通学することにしました。

A は部屋の明渡しをして貸主に鍵を返還しました。後日、貸主から、「敷金は原状回復費用に充当したので返金はありません」と記載された書面が届きました。賃貸借契約書には、敷金 30 万円から退去時に 10 万円を差し引いて返還すると記載してあったので、A は敷金のうち 20 万円は返ってくると思っていました。

A は 20 万円を返還してもらうことはできないのでしょうか。なお、賃料（家賃）は 1 か月 10 万円であったとします。

Answer 7

賃貸借契約締結時に借主が貸主に対して預けた敷金（保証金という名目で預けることもあります）から退去時に一定額を差し引いて返還する旨の条項（これを「敷引特約」といいます）が定められていることがあります。

この敷引特約が有効かどうかについては、裁判で争われました。最高裁判所は、賃貸人（貸主）が契約条件の一つとしていわゆる敷引特約を定め、賃借人（借主）がこれを明確に認識したうえで賃貸借契約の締結に至ったのであれば、それは賃貸人（貸主）、賃借人（借主）双方の経済的合理性を有する行為と評価すべきものであるとしました。そして、消費者契約である居住用建物の賃貸借契約に付された敷引特約は、敷引金の額が賃料（家賃）の額などに照らし高額にすぎるなどの事情があれば格別、そうでない限り、これが信義則に反して消費者である賃借人（借主）の利益を一方的に害するものということはできないと判断しました。いわゆる敷引特約を有効であると判示したのです。

Case7 では、敷引特約の内容は敷金 30 万円から退去時に 10 万円を差し引いて返還するというものですので、敷引金の額（10 万円）が賃料（家賃）の額（10 万円）に照らして高額とはいえません。したがって、敷引特約は有効であるといえます。

では、残りの 20 万円を原状回復費用に充当したという、貸主の主張は認められるのでしょうか。

賃貸借契約は貸主と借主との信頼関係のうえで成り立つ契約ですが、万が一、賃料（家賃）が支払われなかったり、借りている部屋（賃借物件）を不注意で傷つけてしまったりした場合などに、敷金や保証金として一定額が預けられていれば、敷金や保証金を未払賃料（家賃）や賃借物件の修復費用に充当することができます。このように、借主の貸主に対する未払賃料（家賃）や賃借物件の修復費用の支払いを担保するために敷金や保証金を預けていることになります。そうすると、未払賃料（家賃）や不注意で賃借物件を傷つけてしまった場合の修復費用などが敷金や保証金から差し引かれることはやむを得ないでしょう。

　もっとも、家具を設置していた部分の床のへこみや、日焼けによる壁・床の変色などについては、賃貸借契約では当然に想定されているはずです。この通常の使用によってどうしても生じてしまうようなもののことを「通常損耗（つうじょうそんもう）」といいます。したがって、通常損耗部分の修復費用を敷金や保証金から差し引くことは認められていません。

　Ａとしては、まず、貸主に「原状回復費用」の明細について確認すべきでしょう。そして、その費用が通常損耗部分についての修復費用であれば、それを差し引くことは認められないと主張して、20万円の返還を求めることになると思われます。

住まい

Case 8 更新料って!?

　Case1で、Aが一人暮らしを始めて1年半が経とうとしています。ちょうどその頃、貸主から賃貸借契約を更新するならば、更新料を支払うよう求める内容の書面が届きました。Aが驚いて賃貸借契約書を確認したところ、「契約期間は2年間とする」、「賃貸借契約更新の際には、借主は貸主に対して賃料1か月分の更新料を支払う」と記載されていました。Aは貸主に更新料の支払いの要否を確認しましたが、貸主からも住み続けたいならば更新料を支払うようにと言われました。

　Aは更新料を支払わなければならないのでしょうか。

Answer 8

　賃貸借契約のうち、更新料を支払うことが定められている部分につき有効かどうかが裁判で争われました。最高裁判所は、更新料は、賃料（家賃）とともに賃貸人（貸主）の事業の収益の一部を構成するのが通常であり、その支払いにより賃借人（借主）は円満に物件の使用を継続することができることからすると、一般に、賃料（家賃）の補充ないし前払い、賃貸借契約を継続するための対価などの趣旨を含む複合的な性質を有するものと解するのが相当である、と判断しました。そして、更新料条項が賃貸借契約書に一義的かつ具体的に記載され、賃借人（借主）と賃貸人（貸主）との間に更新料の支払いに関する明確な合意が成立している場合には、更新料の額が賃料（家賃）の額、賃貸借契約が更新される期間などに照らし高額にすぎるなどの特段の事情がない限り、有効であると判示しました。

　賃貸借契約書に明確に更新料条項が記載されており、更新料の額が賃料（家賃）1～2か月分程度であれば支払う必要があると思われますが、これを超え高額にすぎるような場合には更新料条項は無効となる可能性があります。最近は、更新料条項のある賃貸借契約は少なくなっているといわれています。賃貸借契約を締結する際には、契約更新の際の更新料の有無についてきちんと確認しておくべきでしょう。

　Case8では、賃貸借契約書に明確に更新料条項が記載されており、その額も賃料（家賃）1か月分ですので、Aは、更新料を支払わなければなりません。

マンションの部屋などを借りていて、引越しを理由に明渡しをすることがあると思います。その際に、貸主に敷金から原状回復費用を差し引くと言われて、敷金から一定額を控除されたら、借主はどのように対処すればよいでしょうか。

借主に「原状回復義務」があることは既に述べましたが、ここでいう原状回復とは何かというのがポイントになります。

この点については、裁判でも争われてきたのですが、通常損耗については原状回復する必要はないといわれています。たとえば、家具を設置していた部分の床のへこみや、日焼けによる壁・床の変色などは通常損耗といえるでしょう。要するに、通常の使い方をしていても避けることのできなかった傷などについては、通常損耗に当たると思われます。

では、借主が居室内でたばこを吸っていたとして、退去時に、貸主から「クロスが黄ばみ、たばこの臭いもついているので、全てのクロスの張り替え費用を敷金から差し引く」と言われた場合、借主は原状回復義務を負う（敷金から原状回復費用が控除されることを容認しなければならない）のでしょうか。なお、居室内での喫煙自体は禁止されていないものとします。

大人になる君へ

　一人暮らしをするということは、あなたが賃貸借契約の当事者になるということです。初めての一人暮らしはドキドキしますし、不安なことも多いでしょう。一方で、家族と一緒に暮らしていたときに比べると、何をするにも自由です。寝る時間も、起きる時間も、食事も全てあなたが自由に決められるのです。実家暮らしの友人からは羨ましがられたりもするでしょう。

　しかし、家族と一緒に生活していないということは、家事はもちろん、トラブルも自分一人で解決しなければならないことを意味します。近隣とのトラブルや貸主との交渉も、あなたが全て自分で対処しなければなりません。

　大人の世界では法律に従ったルールがあります。契約書の記載も一つの指針にはなります。しかし、契約書に書いてあるからといってそれが全てではありません。「おかしい」と思ったら、まず自分で考え、分からなければ弁護士などの法律の専門家に相談するとよいでしょう。

　「普通に考えたらこれっておかしいよね？」というように、感情的にではなく、一歩引いて冷静に考えてみることも大切です。そして、「理由は分からないけれど何かおかしい」というような疑問を持つ感覚も大切だと思います。

　ただ、相手に自分の意見を伝えるときには、自分で徹底的に調べたうえで、自分がおかしいと思う根拠をきちんと言えるようにしておきましょう。

　それが大人になる第一歩だと思います。

Legal Mind で読み解く「アルバイト」

Case 1 最低賃金っていくら!?

　Aは大阪府内にある居酒屋のアルバイトの面接を受けました。面接の際に、店長から、採用後3か月は試用期間であるため時給は800円と言われました。大学でもらったパンフレットには、大阪府の最低賃金は時給964円（2020年10月1日時点）と書いてありましたので、店長に時給が最低賃金を下回っているのではないかと聞いてみました。すると、店長からは、「うちの店ではずっとこの金額で働いてもらっている」との答えが返ってきました。

　Aの時給は大阪府の最低賃金を下回るため、違法になるのではないでしょうか。

Answer 1

　最低賃金法という法律があり、これによれば、地域別に最低賃金の額を決定しなければならないとされています。これを踏まえて大阪府では時給964円が最低賃金であるとしています（なお、最低賃金は改定されますので、必ずその年の最低賃金の額を確認するようにしましょう）。

　ところで、最低賃金の減額の特例許可制度というものがあります。この最低賃金の減額の特例許可制度は、都道府県労働局長の許可を受けた場合には、試用期間中の者の賃金を最低賃金の額から最大20%の範囲で減額することができるというものです。ただし、この期間は最長6か月とされています。

　そうすると、大阪府内の使用者に雇用された試用期間中の者の時給は964円×（1 − 0.2）=771.2円以上でなければなりません。

　Aは、居酒屋でアルバイトとして働こうとしていますが、試用期間中は時給800円ということですので、最低賃金法には違反しておらず、適法であると思われます。

　もっとも、試用期間を採用後2年のように長期にすることはできません。通常は1〜6か月（明確な定めはありませんが、1年が限度といわれています）とされることが多いと思われます。

　前記のとおり、試用期間中の者の賃金を最低賃金の額から減額することができるものの、その期間は最長6か月とされており、この期間を超えて最低賃金の減額の特例許可制度を利用することはできません。

Case 2 試用期間中でも退職できる!?

　Bは居酒屋でアルバイトとして採用されましたが、3か月は試用期間であるとされています。勤務を開始してから1か月が経過しましたが、店長の指導が自分にだけ厳しいと感じており、店長はいつもイライラしているように見えます。

　Bは、今後もこの居酒屋で勤務を継続していくのは難しいと思い、退職を考えていますが、試用期間中は自ら退職することはできないのでしょうか。また、反対に、居酒屋から即時に解雇されることはないのでしょうか。

Answer 2

　Bは試用期間中であっても自らの意思で退職することができます。退職の意思表示をした日の翌日から起算して2週間が経過すると労働契約は終了します。

　では、使用者側から労働者を解雇する場合はどうでしょうか。

　本採用後に使用者側から労働者を解雇する場合には、客観的に合理的な解雇事由が必要となります。これは試用期間中であっても（試用期間中の労働者と使用者との契約が留保解約権付労働契約であるとされているとはいえ）、同様であると考えます。すなわち、客観的に合理的な理由もないのに、試用期間中に労働者を解雇することはできません。本採用後の解雇に比べて試用期間中の解雇には広い裁量があるといわれているところですが、それでも解雇には客観的に合理的な解雇事由が必要であると考えられます。

　一方で、試用期間満了とともに本採用を拒否することもできません。本採用を拒否するためには、解雇と同様に、客観的に合理的な理由が必要になると考えられます。

　したがって、Bが居酒屋から即時に解雇されることはないでしょう。

　なお、試用期間中で採用してから14日以内の者を解雇する場合には、解雇予告手当を支払う必要はありません。しかし、14日を超えて引き続き使用されるに至った場合は、30日前に解雇予告をしなければならず、30日前に解雇予告をしない場合には、30日分以上の平均賃金を支払わなければなりません。

Case 3 アルバイト中に グラスを割ってしまったら!?

　Cは、料理人に憧れて、地元で人気の小さなイタリアンレストランでアルバイトを始めました。オーナー（シェフ）のほかに二人の見習いシェフがいて、給仕やレジはその日のシフトに入ったアルバイトが一人で担当しています。

　Cは、アルバイトを始めて間もない頃、満席の小さな店内を一人で切り盛りすることに慣れず、テーブルからグラスや食器を下げる際に、高価なグラスや食器を落として割ってしまいました。オーナーからは、Cの不注意によるものだから全額弁償するよう言われました。

　Cはこれらを弁償しなければならないのでしょうか。

Answer 3

　Cがグラスや食器を割ってしまったことにより、損害が発生していますので、過失であっても、Cには債務不履行責任（民法415条）若しくは不法行為責任（民法709条）が発生する可能性があります。しかし、このようなミスは業務上一定の確率で起こり得るものですから、Cが全ての責任を負う必要はないと思われます。労働者のミスは、使用者側がミスを防ぐ努力を怠っていたという見方もできるので、どちらかが100％悪いとは言い切れないでしょう。

　使用者側の利益は、労働者の労力によって生み出されます。Cは、使用者であるオーナーの指揮命令に従って労務を提供していることから、Cの業務上のミスに伴う損失は、利益を得ている使用者側が負担すべきであると考えられます。これを報償責任の法理（利益のあるところが損失もまた負担するという法原理）といいます。

　したがって、Cは必ずしもこれらを弁償する必要はないでしょう。

　もっとも、Cがグラスや食器を落として割ることを繰り返しており、オーナーから何度も注意されていた場合には、Cが弁償しなければならないこともあり得ます。しかし、この場合でも、全額弁償しなければならないとは限りません。報償責任の法理から全ての責任をCに押しつけるのは不公平だと考えられるからです。とはいえ、このようなミスが繰り返されると、オーナーとの間でトラブルになってしまいますので、細心の注意を払うようにしましょう。

Case 4 弁償金を給料から控除（天引き）されたら !?

Case3 で、C は、アルバイトとして労働契約を取り交わす際、就業規則にグラスや食器など店の備品を損壊した場合は備品の原価の 70%相当額を弁償金として支払う旨の記載があることを確認していました。

使用者であるオーナーは、C の給料から弁償金を控除（天引き）することができるのでしょうか。

Answer 4

使用者は、労働契約の不履行について違約金を定め、又は損害賠償額を予定する契約をしてはならないとされています（労働基準法 16 条）。したがって、C が備品の原価の 70%相当額を弁償金として支払う旨の就業規則はその部分について無効となります。しかし、これはあくまでも違約金を定めたり、損害賠償額を予定したりすることが違法なのであって、事後的に損害賠償を請求すること自体はその請求額が適正である限り問題はありません。

もっとも、賃金は、通貨で、直接労働者に、その全額を支払わなければならないとされており（労働基準法 24 条）、違約金や損害賠償額を労働者の同意なく給料から控除（天引き）することが禁止されています。使用者側が労働者に対して相応の損害賠償を請求する場合は、直接、労働者から支払いを受けることが必要ですので、C の給料から弁償金を控除（天引き）することはできません。

Advice on one point

給料から控除（天引き）できるもの

給料から控除（天引き）して支払うことができるものとしては、以下のものがあります。

1）法令で別段の定めのあるもの
　所得税・住民税・健康保険料・介護保険料・厚生年金保険料・雇用保険料など
2）労使協定（労働者側と使用者側との書面による協定）で取り決めのあるもの
　社宅や社員食堂の利用料金、物品購入費、制服のクリーニング代、組合費など
　※たとえ労使協定を結んだとしても、違約金や損害賠償額を給料から控除（天引き）することはできません。

033

アルバイト

Case **5** 怪しい仕事は断るべき!?

　Dは友人Eがアルバイトを紹介してくれると言うので、面接場所に行きました。Eに案内された面接場所は雑居ビルの4階でした。その入り口の扉には「●●商会」と書いてありました。Dは扉を開けて中にいた女性にアルバイトの面接に来た旨を伝えると、奥の応接間に通されました。しばらくすると、社長らしき恰幅の良い男が現れました。その男は、Eに質問をし始めました。Eはその男からの質問に対して、「申し訳ありません」と繰り返し謝っていました。次第に、その男は、「ノルマも達成できていないのによくここまで来られたな」と怒鳴りだし、机を叩きながら、応接テーブルの上にあった灰皿をEに向かって投げつけました。Dは大変なところに来てしまったと後悔しました。同時に、Eを助けなければならないと思い、そのためには何とかここを立ち去る必要があると考えました。その男はDに対して、「お前がEの代わりに働け」と言ってきました。Dがその男に仕事の内容を聞くと、「リストに載っている家に電話してそこに行き、キャッシュカードを受け取ってくるだけや」と言うのみです。Dはその男に対して、Eの代わりに自分が働くからEを解放してほしいと伝えました。

　Dは、その男から電話番号の記載されたリストを渡され、「ここにある番号全部に電話をかけ終えるまでは帰って来るな」、「Dが帰って来たらEと一緒に解放してやる」と言われました。時給は相場の3倍を支払うとのことです。

　DはEのためにやむを得ずこの仕事を引き受けるべきでしょうか。

○Answer **5**

　Dの仕事の内容はよく分かりませんが、リストに載っている家に電話してそこに行き、キャッシュカードを受け取る仕事（しかも時給は相場の3倍）は、いわゆる特殊詐欺の手法の一つであると思われます。

　社長と思われる男は、DのEを思う気持ちを悪用して、Dを特殊詐欺の共犯にしようとしているのです。いくらEがかわいそうだとはいえ、違法行為に手を染めるわけにはいきません。このような仕事の依頼は絶対に引き受けてはいけませんし、場合によっては、被害届を提出することも検討すべきでしょう。

Case 6 アルバイト中に怪我をしたら!?

　Fはテーブルからガラス製食器を下げ、洗い場に向かっている途中で躓き、トレイからガラス製食器が落ちて割れてしまいました。Fは焦って割れたガラス片を回収しようとして、掌を8針縫う大怪我をしました。勤務中の怪我であったため、事業主に労災保険の適用を申し出たのですが、「アルバイトに労災保険なんてない。不注意で店側は大変迷惑をかけられている。業務に復帰できるまで休みなさい」と言われ、給料は出勤分のみしか支払われませんでした。

　Fの不注意とはいえ、仕事を一生懸命している中で怪我をしてしまったのに何の補償もされないのでしょうか。

Answer 6

　アルバイトであっても労災保険への加入は、法律によって事業主に義務付けられています。

　仮に、事業主が労災保険への加入を怠っていたとしても、労働者の責任ではないため労災保険制度を利用することができます。

　労働基準監督署長宛てに労災保険給付を請求すれば、治療費などの療養補償給付や休業補償給付を受けられます。なお、休業初日から3日間は労災保険によってではなく、事業主が労働者に対して休業補償を行わなければならないことになっています。事業主が対応してくれない場合は、最寄りの労働基準監督署に問い合わせてみましょう。

Case 7 アルバイト中、他人に怪我をさせたら!?

　Gは、スマートフォンのアプリで商品の注文を受け、飲食店へ注文者の代わりに商品を引き取りに行き、それを注文者の自宅まで配達するサービスを提供する事業者と契約をしています。Gの仕事は当該事業者の指示に基づいて自転車で飲食店へ商品を引き取りに行き、注文者の自宅に配達するというものです。ある日、仕事中に、車道を自転車で走行していたところ、後ろから来た自動車にクラクションを鳴らされたことから、Gは勢いよく歩道に入りました。ちょうどそのとき前を歩いていた歩行者が立ち止まったため、Gの走行する自転車と歩行者が衝突してしまいました。歩行者は衝突の衝撃で転倒し、出血しています。近くで見ていた人が救急車を呼んだため、しばらくすると救急車が到着し、歩行者は病院に搬送されました。

　Gは歩行者から治療費と入通院慰謝料を請求されています。Gは事業者名の入った専用鞄に商品を入れたうえで注文者の自宅まで配達しており、当該事業者の従業員であるかのような外観を有しています。

　これを理由に、Gは歩行者に対して、損害賠償責任を負うのは自分ではなく、当該事業者であると主張することはできないのでしょうか。

Answer 7

　自らの行為により他人の権利を侵害し、その結果損害を負わせていますので、Gには不法行為責任（民法709条）が発生します。したがって、原則として、Gが歩行者に対して不法行為責任を負います。しかし、ある事業のために他人を使用する者は、被用者がその事業の執行について第三者に加えた損害を賠償する責任を負いますので（これを使用者責任［民法715条］といいます）、当該事業者が使用者責任を負うことはないのでしょうか。

　報償責任の法理は、利益のあるところが損失もまた負担するという法原理です。この使用者責任を負うためには、使用者と被用者との間に使用関係がないと成立しません。当該事業者とGとの間の契約は雇用契約ではありませんので、当該事業者は、Gとの間に使用関係がないので使用者責任は成立しないと主張するでしょう。この方針で、Gにも配達中の事故の責任は自らの費用と責任において処理するよう合意して

いることがほとんどだと思います。このため、歩行者が当該事業者に対して使用者責任を追及するにはそれなりの障壁があると思います。

　Gとしては、仮に、当該事業者が歩行者に対して使用者責任を負担したとしても、当該事業者から被用者であるGへの求償は妨げられませんので（民法715条3項）、結局、最終的に損害を負担するのはGであることになりそうです。

考えてみよう

Additional Questions

　1　Hは、制服の着用が義務付けられているフレンチレストランのアルバイトに採用されました。制服はレストラン側から貸与され、クリーニングもレストラン側でしてくれます。更衣室もあります。ところが、このレストランでは、出勤時のタイムカードは制服に着替えてから押すよう指示されています。制服に着替えるには10分程度かかります。また、退勤時はタイムカードを押してから着替えるよう指示されています。

　　このような取扱いは許されるのでしょうか。

　2　前記1で、Hは自分の労働時間がどれくらいか気になり調べてみたところ、どうやらタイムカードを押した時間がたとえば午後9時14分だったとすると、14分切り捨てられ、午後9時までの勤務とされていることが分かりました。

　　このような取扱いは許されるのでしょうか。また、事業主による労働時間の切り捨てが許されることはあるのでしょうか。

大人になる君へ

　大学時代はアルバイトをする機会も多くあると思います。アルバイトを始める際は、働き始めてから「最初に聞いていた話と違う」などという事態に陥らないように、使用者側から労働条件通知書や労働契約書をもらって、労働条件をしっかり確認しましょう。

　アルバイトでも労働基準法が適用されますし、労災保険や労働条件によっては雇用保険も適用されます。労働基準法には労働者が無理なく働くための決まりが定められています。しかし、多くの労働者は法律知識がないために、使用者側の言いなりになって、理不尽な要求を受け入れてしまっていることも多いのが実情です。

　たとえ労働契約書や就業規則に記載されていることであっても、それが違法であることが実際にはあるのです。

　使用者側からの不当な扱いに気づくために、基本的な法律知識を身に付ける努力をしましょう。それはいずれ社会人になるあなたが、自分の権利を守り、相手の利益に配慮しながら力を発揮する大きな武器となるでしょう。

Section 4

Legal Mind で読み解く
「消費者」

Case 1 未成年者であることを理由に契約を取り消せる!?

　大学1年生（18歳）のAは、インターネットでカウンセリングを申し込み、大阪市内の教室でカウンセリングを受けたうえで、英会話教室の短期集中コース（6か月間、約100万円のコース）を受講する旨の契約を締結しました。しかし、Aは帰宅してからじっくり考えたところ、やはり受講料が高額であることから英会話教室の受講を取りやめたいと思うようになりました。

　Aは英会話教室との受講契約を取り消すことができるのでしょうか。

Answer 1

　まず、Aは未成年者契約取消権（未成年者が親権者の同意を得ずにした契約を取り消すことができる権利）に基づいて契約を取り消すことが考えられます。

　Aは18歳ですから、20歳が成年（法律では「成人」のことを「成年」といいます）とされていた改正前民法では、未成年者契約取消権を行使して英会話教室との受講契約を取り消すことができました。

　しかし、民法が改正され、2022年4月1日の時点で、18歳以上20歳未満の人（2002年4月2日生まれから2004年4月1日生まれまでの人）は2022年4月1日に、2004年4月2日生まれ以降の人は18歳の誕生日に成年となります。

　したがって、Aがこれに当てはまる場合には、Aは未成年者ではありませんので、親権者の同意がないことを理由に契約を取り消すことができなくなります（18歳未満であれば、親権者の同意を得ずにした契約を取り消すことができます）。

　次に、Aは消費者契約法に基づく契約の取消しを検討します。

　消費者と事業者とでは、情報の質・量や交渉力に格差があります。そのため、消費者の利益を保護するための法律として消費者契約法が制定されています。消費者契約法には、消費者契約について、不当な勧誘による契約の取消しと不当な契約条項の無効などが定められています。

　英会話教室は事業者に当たりますから、担当者から重要な事項について事実と異なることを告げられていた場合や不確実な事項につき断定的な判断を提供されていた場合には、契約を取り消すことができます。

Case 2 中途解約しても返金してもらえない!?

Case1で、Aは、既に英会話教室を受講していたとします。英会話教室との受講契約に「中途解約をした場合には未受講分の受講料は一切返金しません」という条項（違約金条項）が定められていた場合、Aは本当に返金してもらえないのでしょうか。

Answer 2

　消費者は理由のいかんを問わず契約を中途解約できるのが原則ですが、違約金条項がある場合には、消費者はその契約の中途解約を躊躇してしまいます。未受講分の受講料が返金されないのであれば中途解約できないのと同じですし、未受講分の受講料は違約金と同視されるでしょう。このような違約金条項については、消費者契約法に基づき、未受講分の受講料相当額の大部分につき無効であると主張することが考えられます。もっとも、中途解約が受講日に差し迫っていたような場合（事業者に平均的な損害が発生していると考えられるような場合）にその受講料も返金を求めることは行きすぎであると考えられますが、中途解約の申入れ日から受講日まで1か月程度の時間的余裕がある場合には、未受講分の受講料は返金されるべきであると考えられます。

　したがって、Aがした英会話教室との契約のうち、短期集中コースを中途解約しても未受講分の受講料を含めて一切返金しないという条項は、消費者であるAに不利な契約条項ですから、Aはその部分（事業者に生ずべき平均的な損害の額を超える部分）を無効であると主張して、支払った金額のうち一部の返金を求めることができます。

消費者

Case 3 クーリング・オフって!?

英会話教室と契約したＡが大学３年生（20歳）の場合は、英会話教室との受講契約を取り消したり、解除したりできるのでしょうか。

○ Answer 3

当然のことながら、ＡはCase1で述べた「未成年者契約取消権」を行使して契約を取り消すことはできません。

また、契約は守られなければならないという原則から、何らかの理由がなければ契約を取り消したり、解除したりできませんが、契約に錯誤があった場合や、詐欺・強迫によって契約させられた場合にはその契約を取り消すことができます。しかし、契約に錯誤があったことや、詐欺・強迫によって契約させられたことをＡが主張・立証しなければならず、これらの立証には相当な困難を伴います。

Case1で述べたように、消費者契約法に定められている場合（重要事項の不実告知、断定的判断の提供など）にも契約を取り消すことができますが、これらの立証についても同様の問題があります。

そこで、無条件に申込みの撤回又は契約の解除ができる特定商取引法における「クーリング・オフ」という制度があります。

Case1にあるような英会話教室は特定継続的役務提供に当たり、契約の期間が２か月を超え契約の金額が５万円を超えるので、クーリング・オフの対象となります。

したがって、Ａは英会話教室との受講契約についてクーリング・オフをすることができます。

Advice on one point

クーリング・オフとは

クーリング・オフとはどのような制度なのでしょうか。

申込み又は契約後に、法律で定められた書面を受け取ってから一定の期間（※）内に、無条件で申込みの撤回又は契約の解除をすることができる制度をクーリング・オフといいます。

（※）訪問販売・電話勧誘販売・特定継続的役務提供・訪問購入においては８日間、連鎖販売取引・業務提供誘引販売取引においては20日間

Case 4 クーリング・オフをすること ができない場合って!?

Case3 で、A が英会話教室との受講契約についてクーリング・オフをすることができないのはどのような場合でしょうか。

○ Answer 4 ॥

　自宅ではなく営業所などで契約をした場合や、通信販売の場合にはクーリング・オフ制度が適用されません。通信販売においては、広告に「売買契約の申込みの撤回又は売買契約の解除に関する事項」を表示しなければならないため、通常は、この広告に記載された「特約」に従って申込みの撤回又は契約の解除などの処理がされることになります。

　また、クーリング・オフ制度が適用される取引であっても、クーリング・オフをすることができる期間を経過してしまった場合は、クーリング・オフ制度による申込みの撤回又は契約の解除ができません。クーリング・オフをすることができる期間が経過した後は、Case2 にあるような中途解約ができます。しかし、既に受けた役務にかかる費用や、それらの役務を継続するために既に準備された費用（事業者に生ずべき平均的な損害の額）などは返金されません。すなわち、結果的に、一部は契約を解除できないということになるでしょう。

消費者

Advice on one point ⌇

約束と契約の違い

　なぜ契約は守られなければならないのでしょうか。約束と契約は違うのでしょうか。

　約束には法的な効果が伴いません。たとえば、友人との約束をすっぽかしてしまうと、信頼を失い友情にひびが入ったり、ときには大切な友人を失ったりすることさえあるかもしれませんが、このことを理由に損害を賠償することにはなりません。しかし、お互いに法的な拘束力を伴うことを認識したうえで、一方が申し込み、これを相手が承諾すると契約が成立します。契約に違反し相手に損害が発生していた場合には、その損害を賠償する義務が生じます。ここに、約束と契約の大きな違いがあります。

　もっとも、契約違反はお金で解決できますが、約束を破ることで失うものの大きさも計りしれません。約束も契約も守られなければならないのは言うまでもありません。

Case 5 インターネットで個数を間違えて注文してしまったら!?

　Bは、最近体調不良が続いているのでインターネットで対処方法について検索していると、サプリメントの広告が表示されているのを見つけました。興味を惹かれてそのウェブサイトを見てみると、モデルの女性が宣伝しており、体調が良くなったというのです。

　通常8000円のサプリメントが今回に限り800円になるというので、Bは購入画面をクリックしました。切り替わった購入画面で、Bは、サプリメント「1個」を注文するつもりでしたが、間違って「11個」と入力してしまい、「購入」ボタンをクリックしてしまいました。確認画面が出てこないまま、注文は確定されてしまいました。

　Bは「購入」ボタンをクリックしてしまった以上、サプリメント11個の代金を支払わなければならないのでしょうか。

Answer 5

　Bはサプリメント11個の代金を支払う必要はありません。

　Bはサプリメント11個についての売買契約を取り消すことができると考えられるからです。

　もっとも、以下の点に注意が必要ですので、「意思表示」という用語に着目してじっくり考えてみましょう。

　意思表示とは、法律行為をする意思を表示することを指します。

　法律行為とは、売買契約や賃貸借契約などのことをいいますから、「この物を買いたい」、「この家を借りたい」というのが意思表示になります。

　しかし、「この物を1個買うつもりだったのに間違って11個と注文書に書いてしまった」、「ペットを飼うことができると思っていたらペット飼育禁止の賃借物件だった」という場合には、そのような契約を取り消したいと思うでしょう。一方で、契約の相手は、契約をしてくれると期待していますからそのバランスを取る必要があります。

　民法では、前者を「表示の錯誤」、後者を「動機の錯誤」と呼んで区別しています。ここでは、表示の錯誤を取り上げることとします。

　民法では、意思表示に対応する意思を欠く錯誤（表示の錯誤）に基づくものであって、その錯誤が法律行為の目的及び取引上の社会通念に照

SECTION 4

らして重要なものであるときは、取り消すことができると規定されています（民法95条1項1号）。しかし、これには例外があって、錯誤が表意者の重大な過失によるものであった場合には意思表示の取消しをすることができないとも規定されています（民法95条3項）。

　つまり、表意者であるBに重大な間違いがあったとサプリメント販売会社に主張されてしまうと、取り消すことができなくなってしまうのです。

　ただ、これではインターネットを利用して消費者が安心して契約をすることができません。

　そこで、電子消費者契約に関する民法の特例に関する法律3条では、消費者が行う電子消費者契約の申込み又はその承諾の意思表示について、その意思表示が表示の錯誤（意思表示に対応する意思を欠く錯誤）に基づくものであって、その錯誤が法律行為の目的及び取引上の社会通念に照らして重要なものであり、かつ、消費者がその使用する電子計算機を用いて送信した時に当該事業者との間で電子消費者契約の申込み又はその承諾の意思表示を行う意思がなかったときは、民法95条3項の規定は適用しないとされています。

　これをCase5に当てはめてみると、消費者であるBがインターネットを利用したサプリメント購入契約という電子消費者契約の申込みに当たって、サプリメント11個を購入する意思表示をしたところ、その意思表示が表示の錯誤（入力間違い）に基づくもので、その錯誤はサプリメント購入契約の目的（自己使用目的）及び取引上の社会通念（通常は11個も必要ない）に照らして重要であり、かつ、Bがインターネットを利用して「購入」ボタンをクリックした時にサプリメント販売会社との間でサプリメント11個の購入を申し込む意思がなかったといえます。

　その結果、サプリメント販売会社は、Bに重大な過失があったとは主張できなくなり、Bは、原則どおり、サプリメント11個を購入する意思表示を取り消すことができるのです。

　ただし、サプリメント販売会社が、Bのサプリメント11個を購入するという申込みの意思表示に際して、インターネットの画面で、Bの申込みの意思表示を行う意思の有無について確認を求める措置を講じた場合は違います。つまり、「購入」ボタンをクリックした後に、再度、購入する商品や個数、代金が表示されており、「内容を確認して購入する」というボタンをクリックした場合、取り消すことはできなくなりますので注意が必要です。

Case 6 通信販売はクーリング・オフできない!?

　Case5で、Bがサプリメント11個につき「購入」ボタンをクリックした後に、再度、購入する商品や個数、代金が表示されている状態で「内容を確認して購入する」というボタンをクリックした場合、Bはこのサプリメント11個の購入契約を取り消すことはできなくなります。

　では、Bはクーリング・オフをすることはできないのでしょうか。

Answer 6

　Bはクーリング・オフをすることはできません。

　インターネットでの購入契約は通信販売に当たりますが、通信販売業者がその売買契約の申込みの撤回又はその売買契約の解除（申込みの撤回等）についての特約を広告に表示していた場合には、その表示に従うことになります。この表示がない場合には、購入者は、その売買契約に係る商品の引渡し又は特定権利の移転を受けた日から起算して8日を経過するまでの間は、申込みの撤回等を行うことができます（特定商取引法15条の3第1項）。ただし、売買契約に係る商品の引渡し又は特定権利の移転が既にされているときは、その引取り又は返還に要する費用は、購入者の負担となります（特定商取引法15条の3第2項）。

Advice on one point

現代社会のスピード

　技術の進歩により我々の生活は日に日に便利になってきています。

　現在では、インターネットや電話で簡単に商品を発注することができ、それをクレジットカードや電子マネーで決済することで、自宅から一歩も外に出ることなく商品が自宅に届きます。しかも、発注してから翌日ないし翌々日には商品が届くという驚きのスピードです。

　契約の締結から商品の配達までがこのようなスピードで完了することから、間違って契約を締結した場合や、商品に瑕疵があった場合に、これを放置しておくと、あっという間に取り返しのつかないことになってしまうかもしれません。しかし、間違って契約を締結した場合や、商品に種類、品質又は数量に関して不適合があるような場合には、正しい法律知識に基づいて対処すれば、契約の破棄や、商品の修補（修理）・交換ができることもあります。正しい法律知識を身に付け、自分の身は自分で守るようにしましょう。

Case 7 無料の動画サイトで登録完了画面に切り替わったら!?

C が無料の動画サイトを閲覧していたところ、興味を惹かれた動画があったのでクリックすると、「登録が完了しました」、「月額利用料●●万円が発生します。解約したい方はこちらまで」という画面が出てきました。そこには解約のための事業者の電話番号が掲載されています。

C は電話して解約したい旨を伝えるべきでしょうか。

Answer 7

C は電話して解約したい旨を伝える必要はありません。

確かに、C は動画サイトをクリックしていますが、C に申込みの意思があったかどうかについて確認を求める措置が講じられていませんので、C は動画サイトの登録の意思表示を取り消すことができます（民法95条1項1号）。

そもそも月額利用料が著しく高額な場合には、このような契約は公序良俗に違反していますので契約自体が無効であるといえます（民法90条）。

むしろ、事業者に電話をすることで個人情報を取得されてしまい、それを理由に脅迫されたりするおそれもありますので、絶対に電話してはいけません。

Advice on one point ⸚

フィッシング詐欺とは

フィッシング詐欺とはどのようなものでしょうか。

フィッシング詐欺とは、送信者を詐称した電子メールを送りつけたり、偽の電子メールから偽のウェブサイトに接続させたりするなどの方法で、クレジットカード番号、アカウント情報（ユーザー ID、パスワードなど）といった重要な個人情報を盗み出す行為のことをいいます。

最近では、電子メールの送信者名を詐称し、もっともらしい文面や緊急を装う文面にするだけでなく、接続先の偽のウェブサイトを本物のウェブサイトとほとんど区別がつかないように偽造するなど、どんどん手口が巧妙になっています。ひと目ではフィッシング詐欺であると判別できないケースも増えてきていますので、注意が必要です。

総務省のウェブサイトでも注意が呼びかけられていますので、怪しい電子メールやその添付ファイルは絶対に開封してはいけません。

消費者

Case 8 不当な契約を締結してしまったら⁉

　Dは、資格試験予備校の説明会に参加したところ、資格試験の教材（12万円）の購入を勧められました。予備校の担当者の説明によれば、Dの目指す資格試験の受験生のほとんど全員がこの教材を購入しているとのことです。Dは、ほとんど全員が購入しているなら自分も購入しなければ資格試験に合格できないと思い込み、担当者の説明を真実だと信じて教材の購入を決め、毎月1万円で12回の分割払いの契約を締結し、初回分として1万円を支払いました。

　しかし、同じ資格試験の合格を目指す友人にこのことを話すと、自分の通う予備校ではその教材を使っていないと言われました。不安になったDは、この教材購入契約を解約したいと思い、予備校の担当者に連絡をしたところ、解約はできるが、解約の場合には違約金として残金11万円を支払ってもらう必要があると言われました。

　Dは違約金を支払わなければならないのでしょうか。

Answer 8

　Dは違約金を支払う必要はありません。

　まず、事業者である資格試験予備校との教材購入契約は消費者契約に当たりますので、消費者契約法が適用されます。

　消費者契約法では、消費者は、事業者が消費者契約の締結について勧誘をするに際し、当該消費者に対して、当該消費者が、社会生活上の経験が乏しいことから、進学、就職、結婚、生計その他の社会生活上の重要な事項に対する願望の実現に過大な不安を抱いていることを知りながら、その不安を煽り、裏付けとなる合理的な根拠がある場合その他の正当な理由がある場合でないのに、物品、権利、役務その他の当該消費者契約の目的となるものが当該願望を実現するために必要である旨を告げることにより困惑し、それによって当該消費者契約の申込みの意思表示をしたときは、これを取り消すことができると規定されています（消費者契約法4条3項）。

　また、消費者は、事業者が消費者契約の締結について勧誘をするに際し、当該消費者に対して重要事項について事実と異なることを告げることにより当該告げられた内容が事実であるとの誤認をし、それによって

SECTION 4

当該消費者契約の申込みの意思表示をしたときは、これを取り消すことができるとも規定されています（消費者契約法4条1項）。

　資格試験予備校の担当者は、Dの社会生活上の経験不足につけ込み、Dが就職に直結する資格試験の合格に過大な不安を抱いていることを知りながら、その不安を煽り、裏付けもなく資格試験の受験生のほとんど全員がこの教材を購入していると告げることによりDを困惑し、これによって教材購入契約を締結しています。

　また、資格試験予備校の担当者は、Dに対して、資格試験の受験生のほとんど全員がこの教材を購入していると重要事項について事実と異なることを告げることにより、Dはそれが事実であるとの誤認をし、その結果、教材購入契約を締結しています。

　いずれの場合でも、Dは契約を取り消すことができます。

考えてみよう
Additional Questions

　Eは、一人暮らしのためのマンションを探していたところ、希望どおりの物件があったので、不動産仲介業者に申込書を提出し（その申込書には「ペット可」のチェックボックスにチェックを入れていました）、賃貸借契約を締結しました。その際に、Eは礼金5万円と2か月分の賃料（家賃）12万円に加えて不動産仲介業者に報酬として3万円（税別）を支払いました。

　Eは猫を飼っており、ペットの飼育ができないのであれば賃貸借契約を締結することはありませんでした。

　賃貸借契約の締結後に、管理規約でペットの飼育が禁止されていることが分かりました。Eとしてはペットの飼育が禁止されているのを知っていたらこの契約は締結しませんでした。そこで、Eは支払ったお金を返してほしいと不動産仲介業者に伝えました。

　Eは貸主から17万円、不動産仲介業者から3万円（税別）を返金してもらうことはできないのでしょうか。

大人になる君へ

　契約は守られなければなりません。いったん約束したからにはきちんとそれを守る、というのが社会における大人のルールです。しかし、契約を結ぶ過程で思い違いをしていた場合（錯誤）や、騙されたり（詐欺）、脅されたり（強迫）して契約を締結した場合には、その契約をそのまま維持するのは不当です。これらの場合には、契約を取り消すことで契約からの解放が認められています。

　また、情報の質・量や交渉力の格差から、経済的弱者である消費者を保護する必要があります。そのような消費者を不当な契約から解放するための法律（特定商取引法、消費者契約法など）があります。契約は守られなければなりませんが、不当な契約に拘束され続けるのは不合理だからです。

　18歳になると大人の仲間入りですが、あなたはまだまだ未熟です。悪い大人たちが未熟なあなたを狙っています。契約をするときには、きちんと内容を確認し、納得がいかない契約は結んではいけません。契約を結んでしまった場合でも、何か不合理な点を感じたときには、すぐに申込みの撤回又は契約の取消しや解除ができないか考えてください。

　自分の責任で物事を処理する、それが大人になるということです。

Legal Mind で読み解く
「恋愛」

好きだからでは済まされない!?

　Aは付き合っていた彼女のBから一方的に別れを告げられてしまいました。Aは別れの理由が聞きたくて、Bに対してスマートフォンのアプリを利用してメッセージを送りました。しかし、返信がありません。何度送っても返信がありません。メッセージを送り始めて3日後、ついにメッセージを送っても届かなくなりました。おそらくBがAからのメッセージの受信を拒否したのだと思われます。

　Aは、どうしても返事が欲しくて、Bが一人暮らしをしているマンションを訪ねました。しかし、Bは不在でしたので、Aはマンションの前で待ち伏せることにしました。Aはマンションの前でBが通るのを毎日待っていました。すると、Aは巡回していた警察官に声をかけられました。

　Aは、Bから一方的に別れを告げられたため、その理由が聞きたかっただけだと警察官に伝えました。

　警察官からは、Aの行為はストーカー行為等の規制等に関する法律（ストーカー規制法）で規制されている行為に当たると言われました。

　Aの行為は、ストーカー規制法で規制されている行為に当たるのでしょうか。

Answer 1

　ストーカー規制法では「つきまとい等」と「ストーカー行為」が規制されています。

　「つきまとい等」とは、特定の者に対する恋愛感情その他の好意の感情又はそれが満たされなかったことに対する怨恨の感情を充足する目的で、当該特定の者又はその配偶者、直系若しくは同居の親族その他当該特定の者と社会生活において密接な関係を有する者（対象者）に対し、次の表に記載の行為をすることをいいます。

　「ストーカー行為」とは、同一の者に対し、つきまとい等を反復してすることをいいます。ストーカー行為をした場合や都道府県公安委員会の発する禁止命令等に違反した場合には罰則が設けられています。

　AがBの自宅付近で待ち伏せる、見張りをする、自宅に押し掛ける、自宅付近をみだりにうろつくなどを反復して行っていますので、Aの行

為は「ストーカー行為」に該当します。

　Aは、BがAからのメッセージの受信を拒否した段階で、Bは自分とは連絡を取りたくないのだと受け止めて諦めるべきです。

ア　つきまとい、待ち伏せ、押し掛け、うろつきなど

たとえば、（ア）対象者を尾行し、つきまとう、（イ）対象者の行動先［通勤途中、外出先など］で待ち伏せる、（ウ）対象者の進路に立ちふさがる、（エ）対象者の住居や勤務先、学校などの付近で見張りをする、（オ）対象者の住居や勤務先、学校などに押し掛ける、（カ）対象者の住居や勤務先、学校などの付近をみだりにうろつくなどの行為

イ　監視していると告げる行為

たとえば、（ア）対象者の行動や服装などを電子メールや電話などで告げる、（イ）「お前をいつも監視しているぞ」などと監視していることを電子メールや電話などで告げる、（ウ）対象者が帰宅した直後に「お帰りなさい」などと電子メールや電話などで告げる、（エ）対象者がよくアクセスするインターネット上の掲示板に、前記の内容などの書き込みをするなどの行為

ウ　面会や交際など非義務行為の要求

たとえば、（ア）面会や交際、復縁など義務のないことを対象者に要求する、（イ）贈り物を受け取るように要求するなどの行為

エ　乱暴な言動

たとえば、（ア）対象者に大声で「バカヤロー」などと怒鳴る、（イ）「コノヤロー」などの粗暴な内容を電子メールや電話などで告げる、（ウ）対象者の住居の前で、自動車のクラクションを鳴らしたりするなどの行為

オ　無言電話、拒否後の連続した電話・ファクシミリ・電子メール・メッセージ

たとえば、（ア）対象者に電話をかけるが、何も告げない［無言電話］、（イ）対象者が拒否しているにもかかわらず、携帯電話や住居、勤務先などに何度も電話をかける、（ウ）対象者が拒否しているにもかかわらず、何度もファクシミリや電子メール、メッセージなどを送信するなどの行為

カ　汚物などの送付

たとえば、汚物や動物の死体など、対象者に不快感や嫌悪感を与える物を住居や勤務先、学校などに送りつけるなどの行為

キ　名誉を害する行為

たとえば、対象者の名誉を害したり、対象者を中傷したりするなどの行為

ク　性的羞恥心を害する行為

たとえば、（ア）猥褻な写真を対象者の住居や勤務先、学校などに送りつける、（イ）電子メールや電話などで卑猥な言葉を告げ恥しめようとするなどの行為

Case 2 会いたいのに断られたら!?

　Cは、サークルの先輩に連れられて、初めてキャバクラに行きました。そこで知り合ったDと連絡先を交換し、やりとりをしていました。Dからはノルマが大変だからお店に来てほしいと言われました。Cはアルバイトを始めたばかりで、それほどお金があるわけではありません。それでもDが熱心に誘ってくるので、仕方なくお店に行くことにしました。Dは、Cと同い年で、お店ではCの手を握り、「無理してきてくれてありがとう」とまっすぐ目を見てお礼を言ってくれます。Cは、そんなDのことを好きになり、ますます応援したくなりました。その後も、Dからは「お店に来てほしい」と頻繁に連絡があります。Cは、Dのためにアルバイトのシフトを増やし、週に2〜3回の割合でお店に通いました。支払いはクレジットカードでしていましたが、Dのお店に行くようになってからは毎月の支払いが20万円近くになっていました。アルバイトの給料だけでは支払えないため、友人にお金を借りたりして何とかやりくりしていました。しかし、毎月毎月友人にお金を借りるわけにはいかないので、クレジットカードのリボルビング払い（リボ払い）という方法（毎月の支払額を一定の金額に固定して、金利とともに返済していくという方法）で分割払いをすることにしました。ところが、リボ払いにも限度額がありますので、Cはもうこれ以上クレジットカードを利用することができなくなりました。

　CはDに対して、「お金がないのでもうお店には行けない」と言いました。すると、Dは、「あ、そうなんだ。分かった」と素っ気なく言ったきり連絡が取れなくなりました。結局、Cは30万円近いクレジットカード代金を支払わなければなりません。

　Cは、Dのために頑張ってアルバイトで稼ぎ、クレジットカードの支払いをしてきたので、Dの素っ気ない対応に腹を立て、Dにこのお金を支払ってもらいたいと思っています。Cは、Dに支払いを求めるメッセージを送っていますが、ずっと無視されており、我慢の限界に達してしまいました。Cは、Dが働いているお店に行けば会って話をすることができると思い、そのお店に乗り込んでいきました。

　しかし、入り口に立っている男性スタッフに止められ、Dと話すことすらできませんでした。

　CはDと会って話すことはできないのでしょうか。

○ Answer 2 ⊔

　Cが求めていることは二つあると思います。一つは、Dと会って話をすること、もう一つは、Cが負担することになっている30万円近いクレジットカード代金についてDにも負担してもらうことです。

　一つ目のCがDと会って話をすることは、DにCと会おうという意思がなければ、もはや会って話をすることはできないでしょう。

　Cの会いたい気持ちをDに押しつけるわけにはいきません。余りにしつこいと、Cの行為は、CのDに対する恋愛感情その他の好意の感情又はそれが満たされなかったことに対する怨恨の感情を充足する目的でDの勤務先に押し掛ける行為として、ストーカー規制法において規制されている「つきまとい等」に該当する可能性があります。そうなると、警察に通報される事態にもなりかねませんので、注意する必要があります。

　二つ目のCが負担することになっている30万円近いクレジットカード代金をDにも負担してもらうことについては、なかなか難しいでしょう。

　なぜなら、DがCに無理やりクレジットカードを利用させたわけではないからです。あくまでCは自分の意思でお店に行き、その利用代金を自らの意思でクレジットカードを利用して支払っています。そうすると、クレジットカード会社との間ではその利用代金を支払う義務があるのはCのみです。したがって、Cがクレジットカード会社に対して負っている負担をDに求めることはできないでしょう。

　結局のところ、Cには30万円近いクレジットカード代金が残っただけということになります。

　Eは、マッチングアプリで知り合ったF（男性）と付き合うことになりました。Fは空気清浄機など家電製品の営業をしているとのことです。

　Eは、月に1回程度の割合でFとデートを重ねていました。Eはもっと会いたいと思っていますが、忙しそうなFを見ているとなかなか言い出すことができません。3か月ほど経っても会う回数が変わらないので、Eは、「もう少し会う回数を増やしてほしい」とFに思い切って言ってみました。すると、Fは、「寂しい思いをさせてごめんね。仕事が忙しくてなかなか時間がなかった」と素直に謝ってくれました。真摯に謝罪をしてくれたFの態度に感銘を受けたEは、「無理しなくていいよ。私に協力できることがあれば言ってね」と伝えました。すると、Fは、「ありがとう」と言ったきり黙ってしまいました。Fが言いにくそうにしているので、よくよく話を聞いてみると、Fは営業のノルマで毎月最低でも空気清浄機を5台売らなければならないそうです。しかし、今月はまだ1台も売れていないとのことです。空気清浄機の値段は1台5万円近くします。Fが言うには、大学生でも分割払いで購入することができるとのことです。

　Eは、Fの切実な状況を聞き、何とか力になってあげたいと思い、空気清浄機を購入してあげることにしました。Eは印鑑を持っていませんでしたが、Fが署名でも大丈夫だと言うので、その場で契約書に署名をしました。Fは「ありがとう」と言って、仕事に戻っていきました。

　数日後、空気清浄機がEの自宅に届きました。あのときはFがかわいそうで何とか力になりたいと思って購入したけど、やっぱりそんなに必要な物ではないと思いました。しかし、Fのためでもあるし、ここで解約したらFに迷惑がかかると思ってそのままにしておきました。

　あれから10日くらい経ちましたが、Fから連絡がないので、Eは電子メールを送信してみました。すると、Fのメールアドレスが変わっており、電子メールが届きません。Eは、慌ててFに電話しましたが、電話番号も変わっていました。Eは、Fのためになるならと思って空気清浄機を購入したのに、こんなことなら購入しなければよかったと思っています。

　EはFから購入した空気清浄機の代金を引き続き支払わなければならないのでしょうか。

○ Answer 3 ↔

　これはデート商法（恋人商法）と呼ばれるものです。

　最初から商品を売りつける目的で異性に近づき、恋愛関係にあると錯覚させたうえで商品を購入させる手法です。さらに悪質なのは、クーリング・オフをすることができる期間（SECTION 4「消費者」42頁参照）を経過してから連絡を絶つことが多い点です。

　Case3 でも、F は最初から E と真剣に付き合うつもりはなく、空気清浄機を購入させることを目的に E に近づいた可能性があります。

　E は、クーリング・オフをすることができる旨が記載された法定書面（法律で定められた書面）の交付を受けており、その日から8日が経過していると、契約の解除をすることはできません。

　しかし、消費者契約法に基づいて契約を取り消すことができる可能性があります。

　消費者契約法では、消費者は、事業者が消費者契約の締結について勧誘をするに際し、当該消費者に対して「次に掲げる行為」をしたことにより困惑し、それによって当該消費者契約の申込み又はその承諾の意思表示をしたときは、これを取り消すことができると規定されています（消費者契約法4条3項4号）。

　「次に掲げる行為」とは、当該消費者が、社会生活上の経験が乏しいことから、当該消費者契約の締結について勧誘を行う者に対して恋愛感情その他の好意の感情を抱き、かつ、当該勧誘を行う者も当該消費者に対して同様の感情を抱いているものと誤信していることを知りながら、これに乗じ、当該消費者契約を締結しなければ当該勧誘を行う者との関係が破綻することになる旨を告げることをいいます。

　すなわち、F が、E が F に対して恋愛感情を抱き、かつ、F も E に対して同様の感情を抱いているものと誤信していることを知りながら、これに乗じ、契約を締結しなければ F との関係が破綻することになる旨を告げることにより E が困惑することで契約の申込みをしたといえる場合には、E はその契約を取り消すことができます。

　しかし、Case3 では、F は、E との関係が破綻することになるとは告げていませんので、消費者契約法でも契約を取り消せない可能性があることにも注意しましょう。

　人の恋愛感情や善意につけ込むのは卑怯なやり方ですが、自分の身は自分で守るしかありません。十分注意するようにしてください。

恋愛

愛は盲目（Love is blindness.）

　最近は出会いのツールが増えてきています。

　SNSやマッチングアプリなど、直接会う前に自分の情報を開示し、相手の情報も取得することができます。その情報を得た段階で、実際に会うかどうかを決めることになりますので、その意味では、危ない人には会わないという選択ができることになります。喫茶店やバーで突然、声をかけられてそのまま交際に発展する、というような時代ではなくなってきています。

　一方で、事前に自分や相手の情報のやりとりができていることで、実際に会ったときにはある程度お互いのことを理解している気になってしまいますが、実は全てが虚像だったということもあり得ます。

　実際に会ったときには既に恋愛感情を抱いてしまっており、判断能力を失ってしまっている可能性もあります。

　愛は盲目（Love is blindness.）といいますが、お互いが恋愛感情を持ち、それが結ばれている間は相手の悪い面も見えなくなっていることでしょう。

　しかし、何かの拍子にそれが破れたとき、恋愛感情が大きければ大きいほど相手に対して恨み（怨恨の感情）が出てきてしまうかもしれません。

　それが「つきまとい等」という形で表現されてしまうと、ストーカー規制法によって規制されている行為に該当してしまうことになりますので、注意しなければなりません。

SECTION 5

Ｇの姉Ｈは、最近婚約をしたと喜んでいます。Ｇは
Ｈから婚約者Ｉの話をいろいろ聞かされています。Ｈに
よると、Ｉはコンサルタント会社を経営しながら、個人
投資家としても毎日大きなお金を動かしているといいま
す。Ｉは大手証券会社に勤務していたときの経験を活か
して、現在は大企業との間でコンサルタント契約を結ぶ
など幅広く活躍しているそうです。そのうえ人柄も誠実
で優しく申し分がないとＨはのろけています。

Ｇはまだｌに会ったことがありません。Ｇだけでなく
両親もまだｌには会ったことがないとのことでした。

Ｈの話の中で、Ｇには気になることがありました。

Ｈは結婚を機に勤務先を退職して専業主婦になろう
としているのですが、ＩはＨに対して、入籍する前に退
職してほしいと言っていることです。その理由を聞く
と、Ｉには今のコンサルタント会社を立ち上げる際にで
きた借金が 500 万円ほどあり、Ｈとの入籍前にきちん
とこれを処理しておきたいとのことです。

Ｈの退職金でＩの借金を返すことになるので、ＧはＨ
を心配して、勤務先をまだ退職する必要はないと言いま
したが、Ｈは聞く耳を持ちません。

数か月後、Ｈから泣きながら連絡がありました。Ｈ
は予定どおり勤務先を退職し、退職金 500 万円を預金口
座から引き出して現金でＩに手渡したとのことです。

その後、Ｉからの連絡はなく、Ｈは無事に借金を返済
できたか確認しようとしたところ、電話でも電子メール
でも連絡がつかなくなっていたとのことです。まさに
Ｇの不安が的中してしまったわけですが、「時既に遅し」
です。

ＨはＩに対して、どのような法律構成で 500
万円の支払いを請求するのでしょうか。

大人になる君へ

　人間は感情の生き物です。その感情をコントロールするのはとても難しいことだと思います。自分をよく知り、心を整える方法を身に付け、感情をうまくコントロールできるようになるというのが、大人になるということです。

　一方で、人の恋愛感情を利用して商品を売りつけたり、お金を交付させたりするのは卑劣な手法です。

　しかも、最初から恋人になるつもりもなく近づいて、相手が自分に好意を抱いているのをよいことに、その気持ちを弄ぶのは許しがたい行為です。

　デート商法が恋人商法と呼ばれているように、被害者は相手が自分に好意を持っていると錯覚していますので、まさか自分が騙されているなどとは思いません。そして、相手を信じたい気持ちが強ければ強いほど、騙されているという事実を直視できないことでしょう。

　このようなことから、デート商法（恋人商法）の被害者が騙されていたことに気づくのには時間がかかります。その結果、クーリング・オフをすることができる期間を経過してしまっていたり、証拠が散逸してしまっていたりするのです。むしろ、相手はこのことも巧妙に計算して被害者と付き合っています。

　付き合い始めて間もない時期にお金の話を持ち出す相手には注意をしないといけません。

　恋人を見る目もきちんと養わなければならないということです。

Legal Mind で読み解く
「お酒」

新入生のＡは、大学の入学式でたくさんのサークルから勧誘を受けました。どこのサークルも無料で新入生歓迎コンパ（新歓コンパ）をやっているとのことです。Ａは、大学の履修説明会で隣になったＢと仲良くなり、一緒にどこかの新歓コンパに行こうと話し合っています。

ＡとＢは、テニスをやってみたいと思っていたことから、テニスサークルの新歓コンパに行くことにしました。そのテニスサークルは大学構内の芝生広場で新歓コンパをやっているとのことですので、そこに行ってみることにしました。

芝生広場には、既にたくさんの人が集まっていました。ＡとＢは、受付をしていた先輩Ｃに案内されてすぐに仲間に入れてもらえました。そして、Ｃから「ビールもあるけど飲む？」とお酒を勧められました。Ａは、自分はまだ20歳未満であると伝えて断ったのですが、「固いことを言うなよ」と言われ、コップにビールを注がれました。仕方なくＡは、ビールに口を付けました。

Ｂを見ると、周りを先輩たちに囲まれて楽しそうに飲み物を飲んでいます。Ｂがビールを飲んでいるかどうかまでは分かりませんが、楽しそうです。

新歓コンパが始まって1時間くらいが経ち、その間、Ａのもとには何人もの先輩が声をかけてきましたが、Ａは、サークルの雰囲気が自分には合わないのではないかと感じ、そろそろ帰りたいと思うようになりました。しかし、Ｂを置いていくわけにはいきません。Ｂは先輩たちと相変わらず楽しそうに飲んだり話したりしています。

Ｃは、Ａを楽しませようと大学生活やテニスのことなど親切に説明してくれています。

そこへ、サークル内では盛り上げ役のＤが話に入ってきました。Ｄは、「うちは飲み会がメイン。飲めるようになったほうがいいよ」と言いながら、Ａのコップにビールを注いできました。Ａは、自分が20歳未満であることを伝えたのですが、Ｄは、「みんな飲んでいるし、そんなの守っている学生は誰もいないよ」と言って周りを指差しました。

確かに、みんな楽しそうに飲んだり話したりしています。Ｄは、「試しに一気に飲んでみたら？」と言い、周りの人たちに向かって、「みんな、Ａに注目！」と煽り始めました。周りの人たちの視線を浴びて、飲

まないとこの場を乗り切れないと思ったAは、人生で初めてビールを一気飲みしました。最初は苦くて味がよく分からなかったのですが、何とか一気に飲み終えました。周りの人たちからは歓声が上がり、自分のために周りが盛り上がる高揚感がありました。

　しかし、しばらくすると、Aは頭がふらふらするのを感じ、CとDが二重に見えてきました。気分が悪くなってきたのでトイレに行こうと立ち上がると、すっと意識を失って倒れてしまいました。

　慌てたCは救急車を呼び、Aを病院に搬送する手配をしてくれました。Dは、Aが倒れたのを見て、何人かのメンバーを連れてさっといなくなりました。

　数時間後、Aは病院で目覚めましたが、点滴を受けていました。医師の話では、Aは急性アルコール中毒を発症し、救急搬送が遅れていたら命も危なかったとのことです。

　Aは、一気飲みを煽ったDに責任を取ってもらいたいと思いますが、Dにはどのような責任があるのでしょうか。

○Answer 1 ㅛ

　Aが20歳未満なのでお酒は飲めないと言っているのにDが無理やり飲酒させた場合には、Dには強要罪（刑法223条）が成立する可能性があります。しかし、強要罪が成立するためには、「生命、身体、自由、名誉若しくは財産に対し害を加える旨を告知して脅迫し、又は暴行を用いて、人に義務のないことを行わせ、又は権利の行使を妨害」することが必要です。そうすると、無理やり飲ませたといえるかどうかが争点となります。A自らビールの入ったコップを持って飲んでいますから、強要罪が成立するほどの脅迫があったとはいえない可能性もあります。

　Aとしては、雰囲気に流されず、法律違反なのですから、「飲めません」とはっきり断る必要があります。

　もちろん、上級生であるCやDがアルコールに対する正しい認識を持つことが大切なのは言うまでもありません。

　近年、大学ではアルコールハラスメント（アルハラ）に対する教育や啓発を強化していて、部活動やサークル活動におけるアルハラは厳正に処分されます。Case1のように、上級生が新歓コンパにおいてアルコールに対する認識が甘い場合には、サークル活動停止など大学から厳しい処分が下されることになるでしょう。

Case 2 飲みかけのお酒に 薬を入れられたら!?

　Eは、ようやく20歳を迎えたので、少しずつお酒を楽しもうと考えていました。その頃、アルバイト先の店長が店を辞めることになりました。詳しく話を聞くと、貯めたお金でバーを開店したとのことです。Eはそのお店にぜひ行きたいと思いました。

　ある日、Eの友人Fが、Eに紹介したい男性がいるから彼氏と四人でご飯を食べようと誘ってくれました。ちょうどアルバイトの給料も入ったので、Eは喜んで誘いに応じました。

　約束の日はおいしいパスタを食べて、E、F、Fの彼氏G、Gの友人Hの四人で楽しく話も弾みました。FとGは帰るということだったので、EはHと二人で飲みに行くことにしました。

　Hから、どこか行きたいお店はないかと聞かれたので、迷わずアルバイト先の元店長のお店に行きたいと伝えました。ただ、アルバイト先の元店長のお店とは伝えず、店名と場所だけHに伝えました。

　二人が店に入ると、元店長がバーテンダーをしていました。元店長はEが男性を連れていたことから、まるで初対面のように丁寧に接客してくれました。

　店内は薄暗いながらもお洒落な蝋燭の明かりが灯されていました。カウンターに座ると、Hはハイボールを、Eはお勧めのカクテルを注文しました。EとHは二人で話すのは初めてでしたが、趣味のテニスの話やお互いの大学の話などで盛り上がりました。

　Eがカクテルを半分ほど飲んだところで、トイレに行くため席を立ちました。戻ってくると、元店長がEの飲みかけたカクテルを下げ、サービスで違うカクテルを作ってくれると言うのです。Eは喜んで違うカクテルを注文しました。新しいカクテルもとてもおいしく、Eはうれしい気持ちでいっぱいでした。

　しばらくして、Hがトイレに立ち、Eが一人になったところで元店長が話しかけてきました。元店長が言うには、Eがトイレに立っている間にHがEの飲みかけのカクテルに何か薬のようなものを入れていたそうです。元店長はそれに気づいたので、カクテルを作り替えてくれたとのことです。

　仮に、Eがこれを飲んで前後不覚になっていたら、Hには何か犯罪が成立するのでしょうか。

SECTION 6

○Answer 2 ᴜ

　飲みかけのお酒に睡眠薬を混ぜられホテルに連れ込まれる、という事件もありますから注意が必要です。

　睡眠薬などの薬を本人の意思に反して飲ませた場合には、何か犯罪が成立するのでしょうか。

　薬の作用によって人の生理機能が害されますので、傷害罪（刑法204条）の成否が問題となります。

　傷害罪は「人の身体を傷害した」場合に成立しますが、この「人の身体を傷害した」場合には、有形的に人の身体を傷つける場合だけでなく、「人の生理機能を害した」場合も含まれるといわれています。

　したがって、睡眠薬などの薬を飲ませ、その作用により人の身体に不調（意識障害など）をきたした場合、その薬を飲ませた者には傷害罪が成立する余地があります。

　もっとも、Hに傷害罪が成立するためには、意識障害などの結果を引き起こしたのが薬の作用によるものであることを立証しなければなりません。すなわち、Eの飲みかけのカクテルから睡眠薬などの薬の成分が検出され、それによってEに意識障害などが引き起こされていなければなりません。

　科学的な立証活動が必要になりますが、元店長が下げたEの飲みかけのカクテルが有力な証拠となるでしょう。

Advice on one point ᴗ

お酒は 20 歳になってから

　「お酒は 20 歳になってから」というのは、未成年者飲酒禁止法という法律で、「満二十年ニ至ラサル者ハ酒類ヲ飲用スルコトヲ得ス」と規定されているからなのです。しかし、これには罰則がありません。つまり、20 歳未満の者が飲酒をしてもそのこと自体では処罰されないのです。

　もっとも、未成年者に対して親権を行う者が未成年者の飲酒を知ったときは制止しなければならず、これに違反した場合には科料に処せられますし、酒類販売業者が 20 歳未満の者の飲用に供することを知って酒類を販売又は供与してはならず、これに違反した場合には 50 万円以下の罰金に処せられます。

　しかし、処罰されないからといって 20 歳未満の者が飲酒をしてよいことにはなりません。若年者の飲酒と関連の深い疾患として、急性アルコール中毒やアルコール依存症などがあります。

　ゆっくり適度にお酒は楽しみたいものです。

Case 3 泥酔して警察に保護されたら!?

　Iは、友人Jと飲み歩き、終電を逃してしまいました。Jはタクシーで帰ると言うので、IはJを見送りました。Jを見送ったところで、Iは急に酔いが回り、その場にしゃがみこんでしまいました。見回りをしていた警察官に声をかけられましたが、Iは気づきません。

　この場合、Iはどうなってしまうのでしょうか。

Answer 3

　警察官職務執行法には、警察官は、異常な挙動その他周囲の事情から合理的に判断して、精神錯乱又は泥酔のため、自己又は他人の生命、身体又は財産に危害を及ぼすおそれのある者に該当することが明らかであり、かつ、応急の救護を要すると信ずるに足りる相当な理由のある者を発見したときは、取りあえず警察署、病院、救護施設等の適当な場所において、これを保護しなければならないと規定されています。

　そして、この保護の措置を取った場合においては、警察官は、できるだけすみやかに、その者の家族、知人その他の関係者にこれを通知し、その者の引き取り方について必要な手配をしなければなりません。責任ある家族、知人などが見つからないときは、すみやかに適当な公衆保健若しくは公共福祉のための機関又はこの種の者の処置について法令により責任を負う他の公の機関に、その事件を引き継がなければならないとされています。警察の保護は、24時間を超えてはならないとされていますので、原則として24時間以内には解放されることになりますが、その間は警察署に留め置かれることになります。

　泥酔して自宅に帰ることができず、そのまま放置すると危険な場合には警察署において保護されますが、保護された人が解放される際には身元引受人が必要であるなど非常に重大な手続が必要になります。

　泥酔者が窃盗や強盗の被害に遭ったり、性犯罪に巻き込まれたりするなど危険な目に遭ったとの報道に接することもあります。事件の被害者になってからでは遅いのです。また、泥酔したことによって粗暴になり、誰かを傷つけてしまうと加害者になってしまいます。「お酒は飲んでも飲まれるな」というのは、まさにそのとおりです。十分に気をつけましょう。

Case 4 酔った勢いで暴言⁉

　大学3年生になったKはサークルのメンバーで活動報告会兼忘年会をしていました。今年1年間のサークル活動の総括をし、来年に向けて各自が抱負を語り、熱い議論を交わしました。その後は、食事とともに飲酒をし、気分が良くなっていました。

　同級生のLとはサークルの活動方針でいつも対立している間柄でしたが、議論を交わしながらもこれまで表向きはうまくやってきました。ところが、この日はLがやたらとKに絡んできて、Kの考えるサークルの活動方針では全体を取りまとめていくことはできない、と言ってきました。先ほどの活動報告会でKの活動方針が採用され、このことについてはサークル内では決着済みであったにもかかわらず、議論を蒸し返してきたのです。

　Kもだいぶ酔っていましたが、Lも酔っていて余りにもしつこいので、Kは頭にきて思わず、サークルのメンバーの前で、「気持ち悪い。そんなにしつこいから彼女ができないんだ！」と言ってしまいました。

　Kには何か犯罪が成立するのでしょうか。

◯━ Answer 4 ━╜

　Kには侮辱罪（刑法231条）が成立する可能性があります。

　侮辱罪は、事実を摘示しなくても、公然と人を侮辱した場合に成立します。事実を摘示することが必要な名誉毀損罪（刑法230条）とはこの点が違います。

　いずれの場合においても、侮辱したり、名誉を毀損したり（社会的評価を下げたり）するのが、「公然と」である必要があります。

　ここで、どのような場合に「公然と」といえるかが問題となりますが、「不特定又は多数に対して」というのが「公然と」に当たるといわれています。したがって、特定かつ少数の場合は「公然と」に当たらないため、侮辱罪や名誉毀損罪は成立しません。

　Case4では、サークルの忘年会に出席している人数や、KとLとの会話がどの範囲まで聞こえており、Kがどの範囲の人たちに聞こえることを前提にLのことを「気持ち悪い！」と言っていたかということがポイントになるでしょう。

お酒

Case 5 立腹して人生が台無し!?

　Mは、忘年会の帰りにタクシーで帰宅したところ、タクシーの運転手が道順を間違えたにもかかわらず、丁寧に謝らなかったことに腹を立てていました。実際には、Mは泥酔していたためタクシーの車内で寝てしまい、自宅の正確な場所を運転手に伝えておらず、運転手の呼びかけにも応じませんでした。このため、運転手はMの自宅の場所が分からず、道順を間違えてしまったのでした。

　ようやく自宅に到着して、Mは運賃を電子マネーで支払おうとしましたが、電子マネーは利用できないとのことでした。財布には先ほどの忘年会で会費を支払ってしまったことから、手持ちの現金がありません。

　Mは、タクシーの運転手に対して、自宅からお金を取ってくるのでしばらく待っていてほしいと依頼をしましたが、Mが相当酔っていたことから、運転手は直ちに承諾してはくれませんでした。

　運転手は自宅から誰かを呼んできてほしいと言いましたが、Mはこれに腹を立て、「すぐに取ってくると言っているのだから少し待っておけ!」と大声で怒鳴りながら、運転手席を後ろから蹴り上げました。

　運転手は、即座に警察に通報し、数分後には警察官が到着しました。

　Mには何か犯罪が成立するのでしょうか。

Answer 5

　Mは、運転手席を後ろから蹴り上げていますので、人に対する有形力の行使に及んでいると評価されます。したがって、Mには暴行罪(刑法208条)が成立する可能性があります。

　Mは、タクシー運賃を免れるつもりはありませんが、タクシーの運転手からすれば、酔っ払った勢いでタクシー運賃を踏み倒そうとする乗客に見えたのかもしれません。

　たとえば、タクシーで目的地まで乗客を運ばせておいて、降車の直前に言いがかりをつけ激怒(したふりを)して、タクシー運賃を免れる事件が発生しています。

　この場合は、暴行又は脅迫を用いて、タクシー運賃を免れるという財産上不法の利益を得ていますので、強盗罪(刑法236条2項)が成立する可能性があります。

タクシーの運転手としては、このような事件を念頭に暴力的な乗客に対しては厳正に対処する方針を採っています。

　そして、タクシーの車内にはドライブレコーダーが装着されており、証拠がきちんと残されていますから、もはや言い逃れはできません。

　酔っていたからという理由では誰も許してくれないのです。

考えてみよう
Additional Questions

　Ｎは、日頃から嫌がらせをしてくるＯに復讐しようと常々考えていました。Ｎは、大学の刑法の授業で「心神喪失者の行為は、罰しない」（刑法 39 条 1 項）ということを勉強したので、これを利用することを思いつきました。

　Ｎはアルコールを一気に飲むと意識を失ってしまうのですが、その直前、非常に狂暴になり手がつけられなくなります。アルコールによる意識障害で事理弁識能力を欠いている状態であれば心神喪失者といえるので、そのときにＮがＯを攻撃してもＮは罪には問われないと考えたのです。

　ＮはＯと会う日時を決め、その時間帯に合わせて大量に飲酒して待ち合わせ場所に向かいました。待ち合わせ場所に到着すると、ＮはＯに対して日頃の恨みから「お前を絶対に許さない」と言いながら殴りかかりました。Ｏもこれに応戦してＮとＯは殴り合いになりました。殴り合いの途中で予定どおりＮは前後不覚となり、意識を失ってしまいました。Ｎが目を覚ますとＯがぐったりして倒れています。Ｏの顔面は腫れあがり、右腕も骨折しています。どうやらＮが意識障害になっている間に激しい暴行を加えたようです。

　Ｎには何か犯罪が成立するのでしょうか。

お酒

大人になる君へ

　お酒の失敗で人生を棒に振るということは、笑い事ではなく実際にも多く発生しています。

　お酒は適度な量を飲んでいる分には、ストレス発散や気分転換ができるなど社会生活においても有用な存在です。

　一方で、お酒を飲みすぎたり、他人に飲酒を強要したりすると、トラブルが発生しやすくなります。

　大学時代に 20 歳を迎えることが多いため、お酒を初めて飲むのがその時期という人がほとんどでしょう。また、高校を卒業して働き始めている人も 20 歳になって初めてお酒を飲むことができます。

　羽目を外したくなる年代ですが、お酒の失敗で人生を棒に振ることのないようにしてください。

　お酒を飲むと気が大きくなり、議論にとどまらず喧嘩に発展してしまったり、泥酔して電車やタクシーに大事な物や書類を忘れてしまったり、泥酔して寝てしまい、盗難の被害に遭ったりするなど、お酒にまつわる失敗には枚挙にいとまがありません。社会人であれば勤務先に報告のうえ、厳正な処分が下されることになります。

　社会に出ると、自分の行動は全て自分が責任を負わなければなりません。

　それが大人になるということです。

Legal Mind で読み解く
「交通事故」

Case 1　ビールを1杯 飲んだだけなのに!?

　Aは、サークルの飲み会が終わり、自宅の最寄り駅まで帰ってきました。この日は、乾杯でビールを1杯飲んだだけです。その後は水を飲んでいましたので、顔も赤くないし、頭も冴えています。

　Aは原動機付自転車（原付）で帰宅中でした。すると、自宅付近で飲酒検問をしていました。

　警察官から運転免許証の提示を求められ、それに応じていると、呼気検査を促されました。Aはやむなくこれにも応じることとし、アルコール検知器による呼気検査を受けました。その結果、どうやらAの呼気からアルコールが検出されたようです。

　Aは酒気帯び運転で検挙されるのは初めてですし、これ以外に交通違反をしたこともありません。

　Aはこの後どうなってしまうのでしょうか。

Answer 1

　呼気から一定の濃度を超えるアルコールが検出されると、酒気帯び運転となり、道路交通法に違反します。Aは、その場で道路交通法違反（酒気帯び運転）の罪で逮捕される可能性が高いでしょう（逮捕後の流れは、SECTION 12「刑事裁判」123頁参照）。

　Aが初めて道路交通法違反（酒気帯び運転）で検挙されたのであれば、正式裁判での公訴の提起ではなく、略式裁判となるでしょう。

　略式裁判とは、検察官の請求により、簡易裁判所が公判前に略式命令で100万円以下の罰金又は科料を科すことができる制度です。

　略式裁判は、被疑者に異議のない場合、正式裁判によらないで、検察官の提出した書面により審査する裁判手続ですので、裁判所に出頭する必要がありません。簡易裁判所において略式命令が発せられた後、略式命令を受けた者は、罰金又は科料を納付して手続を終わらせるか、不服がある場合には、略式命令の告知があった日から14日以内に正式裁判を請求することができます。

　したがって、Aは初めて警察に検挙されていますので、略式裁判に同意すれば、裁判所に出頭することなく、略式命令を受けて、罰金を納付することになる可能性が高いです。

Case 2 後輩に頼んで乗せてもらっただけなのに!?

　Bは、サークルの飲み会で思う存分楽しみました。楽しみすぎて、終電を逃してしまいました。Bは、自動車で来ていた後輩Cがビール1杯しか飲んでいないのを知っていたので、「どうしても今日は帰らないといけないから自宅まで送ってほしい」と嫌がるCに頼み込みました。Cは、先輩Bに頼み込まれては断ることができなかったため、やむを得ずBを自動車で送っていくことにしました。

　Bの自宅付近まで来たところ、飲酒検問をしていた警察官に呼び止められました。Cは呼気検査を促され、それに応じると、Cの呼気からはアルコールが検出されました。すると、警察官により、運転者Cだけでなく、同乗者Bも逮捕されてしまいました。

　Cだけでなく、Bにも何か犯罪が成立するのでしょうか。

Answer 2

　Bは、Cが飲酒しているのを知っていながら、自分を乗車させるよう依頼しています。

　これは、何人も、車両の運転者が酒気を帯びていることを知りながら、当該運転者に対し、当該車両を運転して自己を運送することを要求してはならないと規定している道路交通法65条4項に違反しています。

　したがって、Bも2年以下の懲役又は30万円以下の罰金に処せられることになります。

Advice on one point

罰金と反則金の違い

　罰金と反則金にはどのような違いがあるのでしょうか。

　罰金は刑事処分、いわゆる刑罰の一種です。一方で、反則金は交通反則通告制度に基づいた行政処分として科せられるもので、刑罰ではありません。罰金は、反則金よりも重い交通違反の場合に支払うことになり、懲役や禁錮と同様に前科がつきます。反則金は、比較的軽い交通違反の場合に支払うことになりますが、交通反則告知書（反則切符）が発行され、これに基づいて反則金を支払うことで刑事手続が免除されますので、前科がつくこともありません。

運転者の義務には何がある!?

D は寝過ごしてしまい、自宅を出るのが遅くなってしまいました。D は 1 限目の授業に間に合わなくなると思い、原付で最寄り駅まで急いで向かっていたところ、飛び出してきた小学生の女の子とぶつかってしまいました。女の子はぶつかった衝撃で倒れています。D は、一見したところ、女の子が怪我をしていなかったので、そのまま走り去りました。

D には何か犯罪が成立するのでしょうか。

Answer 3

D には道路交通法違反の罪が成立する可能性があります。

道路交通法には、交通事故があったときは、当該交通事故に係る車両等の運転者は、直ちに車両等の運転を停止して、負傷者を救護し、道路における危険を防止する等必要な措置を講じなければならないと定められています（道路交通法 72 条 1 項前段）。

これを救護義務といいます。

また、道路交通法には、当該車両等の運転者は、警察官が現場にいるときは当該警察官に、警察官が現場にいないときは直ちに最寄りの警察署の警察官に当該交通事故が発生した日時及び場所、当該交通事故における死傷者の数及び負傷者の負傷の程度並びに損壊した物及びその損壊の程度、当該交通事故に係る車両等の積載物並びに当該交通事故について講じた措置を報告しなければならないとも定められています（道路交通法 72 条 1 項後段）。

これを報告義務といいます。

つまり、交通事故を引き起こした場合には、運転者はこの救護義務と報告義務を尽くさなければなりません。

したがって、D が小学生の女の子を救護することなく立ち去ることはこの救護義務に違反することになります。そして、きちんと警察署の警察官に所定の事項を報告しなければなりません。

この救護義務に違反すると 1 年以下の懲役又は 10 万円以下の罰金に処せられ（道路交通法 117 条の 5 第 1 号）、報告義務に違反すると 3 か月以下の懲役又は 5 万円以下の罰金に処せられます（道路交通法 119 条 1 項 10 号）。

安全運転義務違反の類型

　道路交通法 70 条には、車両等の運転者は、当該車両等のハンドル、ブレーキその他の装置を確実に操作し、かつ、道路、交通及び当該車両等の状況に応じ、他人に危害を及ぼさないような速度と方法で運転しなければならないと定められています。これを運転者の安全運転義務といいます。

　安全運転義務違反の類型としては、以下のようなものがあります。

①運転操作ミス

　これには、ハンドル操作ミスとブレーキ操作ミスがあります。

　ハンドル操作ミスは、片手運転をしていて手が滑りハンドル操作を誤ることなどが考えられます。

　ブレーキ操作ミスは、ブレーキペダルとアクセルペダルを踏み間違えることが典型例です。

②前方不注意

　これには、脇見運転と漫然運転があります。

　脇見運転とは、車外の風景に気を取られていたり、運転中にスマートフォンやカーナビゲーションを操作したりすることで、前方確認が不十分な状態で運転する行為のことをいいます。

　漫然運転とは、前方は向いているものの考え事などをすることで、前方確認が不十分な状態で運転する行為のことをいいます。

③動静不注意

　動静不注意とは、周りの自動車や人の動静に気づいている点で、前方不注意（②）とは異なりますが、危険はないと自ら判断してしまい、周りの自動車や人の動静の注意を怠ったまま運転することをいいます。

　交差点で右折する際に、対向車の存在に気づいていながら自車が先に右折できると思って右折したところ、対向車と衝突してしまったということが典型例です。

④安全不確認

　安全不確認とは、前後左右の安全確認が不十分なまま運転することをいいます。

　車道から右折して駐車場に進入する際に左右から来る歩行者などに気づかず衝突してしまうことや、駐車場で後方進行（バック）する際に後方にいた歩行者などに気づかず衝突してしまうことが典型例です。

⑤スピード違反

　制限速度超過で運転する行為のことをいいます。減速が必要な道路で減速せずに走行することも含まれます。

⑥予測ミス

　相手の動きの予測を誤ったり、自車のスピードや車幅などの運転間隔を誤ったりしたまま運転することをいいます。

　動静不注意（③）に似ていますが、自らの予測に誤りがある点が動静不注意とは異なります。

　自車の幅であれば衝突しないだろうと思って左折したところ、停止していた自転車を巻き込んでしまったということなどが考えられます。

075

交通事故

Case 4 スピードを出しすぎただけでは済まされない!?

　Eは、自動車運転免許を取れたことがうれしくて、夢だったスポーツカーを借りてきました。そして、交通量の少ない夜明け前に運転してみることにしました。

　このスポーツカーは爆音とともに出るスピードが魅力です。夜明け前なので人影は全くありません。

　そこで、Eは、このスポーツカーを時速120kmで運転してみたくなり、自分で決めたスタートラインからエンジンをふかしてスタートしました。アクセルペダルを踏み込むと爆音とともにみるみるうちにスピードが上がり、あっという間に時速120kmに達しました。

　前方に赤色信号が点灯していましたが、人影がなかったことから誰もいないだろうと思い、Eはそのまま交差点に進行しました。すると、新聞配達のバイクが交差点に入って来るではありませんか。Eは慌ててブレーキペダルを踏みましたが、間に合うはずがありません。

　Eのスポーツカーはバイクと激しく衝突し、バイクに乗っていた男性は数メートル先まで飛ばされ、身動き一つしません。

　Eは、怖くなり逃げることも考えましたが、交通事故を引き起こしたにもかかわらず逃げたら罪が重くなると思い、救急車を手配し、警察にも自ら通報しました。

　救急車が到着し、バイクの男性を運んでいきましたが、意識不明の重体とのことです。

　通報を受けた警察官が現場に到着し、Eは、警察官から事情聴取を受け、どれくらいスピードを出していたのかと尋ねられました。

　誰も見ていなかったし、自分が出していたスピードの立証はできないと思い、Eは、それほどスピードは出していなかったと答えようかと思いました。

　ところが、警察官の話では、道路に残っているブレーキ痕やバイクの男性が飛ばされていた距離などから、Eの出していたスピードを推測することができるとのことです。

　Eは、警察官の話を聞いて、嘘をついてもいつかはばれてしまうと思い、正直に話すことにしました。

　Eは、自動車運転免許を取ったばかりで、このスポーツカーも借りてきたものだということや、制限速度が時速50kmであると知っていた

ことなどについて正直に警察官に話しました。

　警察官から事情聴取されている間に、バイクの男性が亡くなったと伝えられました。

　Eには何か犯罪が成立するのでしょうか。

○Answer 4

　Eは、制限速度が時速50kmであるにもかかわらず、これを認識しながら、時速120kmの高速度で一般道路を運転しており、加えて自動車運転免許を取りたてであるという事情がありました。

　このような事情からすると、Eは、その進行を制御することが困難な高速度で自動車を走行させる行為をし、その結果、バイクの男性が死亡していますので、Eは危険運転致死罪（自動車の運転により人を死傷させる行為等の処罰に関する法律2条）が成立することになります。

　また、Eは、赤色信号又はこれに相当する信号を殊更に無視し、かつ、重大な交通の危険を生じさせる速度で自動車を運転する行為をし、その結果、人を死亡させた者に当たりますので、1年以上の有期懲役に処せられることになります。

　刑事裁判の流れについては、SECTION 12「刑事裁判」124頁を参照してください。Eはスピード違反に加えて信号無視もしていますので、Eには道路交通法規を遵守する精神は微塵も感じられません。このため、Eの自動車運転免許は取り消されることになるでしょう。

　これだけにとどまらず、Eはバイクの男性の遺族に対して相応の損害賠償をしなければならないでしょう（Case5参照）。

Case 5 損害賠償の額はどれくらい!?

Case4で、Eは、バイクの男性の遺族からどのような請求を受けることになるのでしょうか。

Answer 5

バイクの男性は、病院に搬送されたうえで死亡していると考えられますので、治療費、葬祭費、死亡による逸失利益、慰謝料、バイクの修理代金などの請求を受けることになると思われます。

Advice on one point

交通事故における損害とは

　民事裁判で交通事故の損害賠償請求がなされた場合、一般的にはどのような費目が請求されることになるのでしょうか。交通事故における損害は、積極損害と消極損害、慰謝料、物的損害に分けられます。

　積極損害には、以下の費目があります。

ア　治療費
イ　付添看護費
ウ　雑費
エ　交通費
オ　葬祭費
カ　家屋・自動車などの改造費
キ　装具などの購入費用
ク　弁護士費用

　消極損害には、以下の費目があります。

ア　休業損害
イ　後遺障害による逸失利益
ウ　死亡による逸失利益

　これらに慰謝料、物的損害を加え、交通事故の日からの遅延損害金を合わせて請求することになります。

　ただし、過失相殺（お互いの落ち度を公平に分担させる制度）や損害の填補（自動車損害賠償責任保険や労災保険により受領した金額を控除すること）については斟酌（しんしゃく）する必要があります。

　Ｆは夏休みを利用してサークルの仲間とドライブに出かけました。全員が自動車運転免許を保有していましたので、交替で運転することになりました。

　車内ではそれぞれが好きな音楽を順番に聴きながら、将来の夢などを語ったりして大いに盛り上がりました。

　高速道路に入る前に、Ｆが運転する順番になりました。高速道路の走行車線を走行中、Ｆの運転する自動車の前に追越車線から急に自動車が割り込んできました。

　Ｆはこれに腹を立て、前の自動車との車間距離を詰め、クラクションを鳴らすなどの行為をしました。

　Ｆの行為には何か問題があるのでしょうか。

079

交通事故

大人になる君へ

　交通事故は、被害者の人生だけでなく、加害者の人生も変えてしまいます。

　被害者は、交通事故の後遺障害によりこれまでと同じような生活ができなくなったり、仕事を失ったりして収入の減少を余儀なくされることになるかもしれません。大切な人を失ってしまうこともあるかもしれません。また、交通事故は、被害者本人だけでなく、その家族の生活にも大きな影響を及ぼします。

　一方で、加害者は、刑事裁判において刑事責任を追及されるとともに、民事裁判においても被害者から損害賠償責任を追及されることになります。

　自動車は、現代社会においては不可欠な移動手段ですが、交通事故によって人生は大きく変わってしまいます。

　くれぐれも注意して運転するようにしてください。交通事故を起こしてから後悔しても遅いのです。

Legal Mindで読み解く
「薬物」

Case 1 海外で薬物が規制されて いなかったとしても!?

　Aは、夏休みを利用して語学の短期留学で海外に行くことになりました。現地の空港にはホームステイ先の家族が迎えに来てくれました。ホームステイ先の家族は、Aと同い年のB、その姉C、両親の四人家族でした。ホームステイ先の家族は皆親切でしたので、Aは初めての海外留学生活を楽しんでいました。

　ある日、Aは、パーティーに行かないかとCに誘われました。女性はドレスアップして行くそうです。Aは日本からドレスを持ち込んでいませんでしたので、そのことをCに伝えると、Cのドレスを貸してくれるとのことです。Aは、映画に出てくるパーティーのシーンを想像して、ぜひ連れて行ってほしいとCに伝えました。

　パーティーの当日、Cの運転する自動車に乗ってパーティー会場に到着すると、たくさんの人がいました。Cの友人もたくさんいて、Cはいろいろな人をAに紹介してくれました。中でも、Cの大学時代の友人だというD（男性）が熱心にAを誘ってきました。

　Dが二人で話のできる場所に行こうと言うので、それに従い、少し離れたテラス席に移動しました。

　そこで、Dは、ポケットからたばこのようなものを取り出して吸い始めました。Dは、Aに「吸ってみる？」と聞いてきました。Aは少し躊躇しましたが、試しに吸ってみることにしました。Aはたばこを吸ったことがありませんでしたが、特に苦いというわけでもなく、すっと気持ちが良くなってきました。これはマリファナだとDが教えてくれました。Aは驚いて、大変なことをしてしまったとマリファナを吸ったことを後悔しました。

　Dが言うには、ここではマリファナは合法なので問題ないとのことですが、Aの行為には何か問題があるのでしょうか。

oAnswer 1

　マリファナは、日本では大麻とも呼ばれています。日本では、大麻の所持は禁止されていますが、使用は処罰されません。

　マリファナの所持・吸引（使用）が現地で合法なのであれば、日本ではマリファナの所持が禁止されていたとしても、海外でマリファナの所

082

SECTION 8

持をしたことを理由に日本で処罰されることはありません。

　しかし、Ｄがマリファナと言っているものが、本当に合法化されているマリファナなのか（違法薬物でないか）については必ず確認し、少しでも怪しいと思ったら断るべきでしょう。また、マリファナの所持・吸引（使用）が認められている年齢か（年齢制限がないか）など、マリファナの所持・吸引（使用）が現地で合法かどうかについては、きちんと事前に確認する必要があるでしょう。

　もっとも、海外留学中にマリファナ依存になってしまうと、日本に帰って来てからも、大麻に手を出し、薬物依存から抜け出せなくなってしまいますので、くれぐれも注意してください。

Advice on one point

規制薬物の種類

　日本で規制されている主な薬物には以下のものがあります。警察庁や都道府県警察がウェブサイトなどで薬物の情報を掲載しています。

【覚せい剤】

　覚醒剤取締法では、フエニルアミノプロパン、フエニルメチルアミノプロパン及び各その塩類が覚せい剤として規制の対象とされています。

　覚せい剤は主に白色の粉末又は無色透明の結晶です。俗に、「シャブ」、「クスリ」、「Ｓ（エス）」、「スピード」などと呼ばれています。「ヤーバー」と呼ばれる錠剤型のものもあるようです。

【大麻】

　大麻取締法では、大麻草（カンナビス・サティバ・エル）及びその製品（ただし、大麻草の成熟した茎及びその製品［樹脂を除きます］並びに大麻草の種子及びその製品を除きます）が大麻として規制の対象とされています。

　大麻には、茶色又は草色の乾燥大麻（マリファナ）、暗緑色の棒状又は板状の大麻樹脂（ハシッシュ、ガンジャ）、暗緑色又は黒色の油状の液体大麻（ハシッシュオイル）があります。

【コカイン・MDMA・向精神薬】

　麻薬及び向精神薬取締法では、コカイン、MDMA、向精神薬などが規制の対象とされています。

　コカインは、南米原産のコカの木の葉を原料とした薬物で、無色の結晶又は白色の結晶性粉末で、麻薬として規制されています。

　MDMA は、化学的に合成された麻薬であり、本来は白色結晶性の粉末ですが、様々な着色がされ、文字や絵柄の入った錠剤やカプセルの形で密売され、俗に、「エクスタシー」、「Ｘ（バツ、エックス）」などと呼ばれているようです。

　向精神薬は、中枢神経に作用して、精神機能に影響を及ぼす物質で、その作用によって鎮静剤系と興奮剤系の二つに大別されます。

Case 2 お土産には気をつけて!?

Case1 で、海外の短期留学を終えて A が帰国する日が近づいてきました。仲良くなった D から、お土産としてマリファナを持って帰るかと聞かれましたが、さすがに日本にマリファナを持ち帰るのはよくないと思い、D の申し出を断りました。

D は、笑顔で「分かった」と言ってくれましたが、「日本にいる友人に渡してほしい」と A にたばこ 1 カートンを手渡しました。さすがに断ることができず、A はたばこを自分の旅行鞄に入れ、日本に向け出国しました。

日本への入国の際、A は税関検査で呼び止められ、別室に移動させられました。

A は、D から預かったたばこのことかなと思いましたが、こちらからは何も言わないでおこうと思い、黙っていました。

税関検査では、税関職員が A の旅行鞄だけでなく、身体検査を始めました。もちろん身体検査をしても何も出てきません。

しかし、麻薬探知犬は、A の手荷物の中にあったクッキーに向かって吠えています。このクッキーは、D がお土産にくれたものでした。税関職員から成分検査をしたいので同意してほしいと言われました。「もちろん結構です」と言って、A は成分検査に同意しました。

しばらくすると、税関職員が戻ってきて検査結果の用紙を見せられました。なんとクッキーの中に大麻が入っていたとのことです。A は税関職員に対して、「知らなかった」と言いましたが、聞き入れてもらえませんでした。事情聴取のためさらに奥の部屋へ連れて行かれることになりました。

その後、税関職員からたばこにも大麻が入っていたと言われました。

A には何か犯罪が成立するのでしょうか。

Answer 2

A には大麻所持罪ないし大麻輸入罪が成立する可能性があります。

日本では、大麻取締法で、都道府県知事の免許を受けた「大麻栽培者」や「大麻研究者」（これらを合わせて、「大麻取扱者」といいます）でなければ大麻の所持、栽培、譲り受け、譲り渡し、又は研究のための

使用が禁止されています。また、大麻研究者が厚生労働大臣の許可を受けた場合でなければ大麻の輸入又は輸出が禁止されています。

そうすると、Aは、都道府県知事の免許を受けた大麻取扱者ではありませんし、大麻研究者として厚生労働大臣の許可を受けた場合にも当たりませんので、大麻の所持ないし輸入の嫌疑（疑いのことをいいます）がかけられることになります。

しかし、犯罪が成立するためには、「故意」＝「犯罪事実の認識」が必要になります。

すなわち、Aは、クッキーに入っていた大麻についてはそもそも大麻入りクッキーであるとの認識がありませんから、故意はないと主張することになります。

そして、たばこについても、まさか大麻であるとは思っていなかったとのことですので、Aは、所持していたたばこが大麻であるとの認識がなかった、つまり故意がなかったと主張することになります。

ただ、実際にAが持っていた旅行鞄や手荷物から大麻が検出されてしまうと、そう簡単には解放してもらえません。

おそらく、大麻所持の容疑で逮捕され、勾留されてしまう可能性が高いです。

大麻を海外から日本国内に持ち込む（輸入する）という認識があったかどうかは捜査を進めないと立証が難しそうですが、少なくとも大麻所持の容疑を晴らすのは簡単ではなさそうです。

警察の捜査の過程で、海外にいるDへの事情聴取がなされることになり、その際に、Aが海外留学中に大麻を吸引（使用）していた事実が判明したとします。そうすると、大麻がたばこ状のもので包装されていること（見た目がたばこと変わらないこと）をAが知っていたことや、Dからたばこを手渡された際のやりとり（Dからマリファナを持って帰るかと言われ、Aがそれを断った直後にたばこを手渡されていること）から、たばこにはもしかしたら大麻（マリファナ）が入っているかもしれないとの認識（未必の故意）がAにあったと認定されてしまう可能性があります。

Aに大麻を輸入することについて未必の故意があったと認定されてしまうと、Aには大麻輸入罪が成立する可能性があります。なお、大麻輸入罪が成立すると、7年以下の懲役に処せられることになりますし、未遂罪も同様に処罰されることになります。

怪しいお土産には気をつけるようにしてください。

薬
物

Case 3 薬物は身近にある!?

　Eは、サークルの先輩にダイエットをする良い方法はないかと相談したところ、簡単に痩せられる薬があると言われました。Eは、先輩にその薬の入手を依頼しました。先輩によると、その薬を入手するにはリスクを伴うから絶対に誰にも言わないようにと釘を刺されました。

　数日後、先輩から連絡があり、待ち合わせ場所に行くと、透明なチャック付きポリ袋に入った粉末（0.1g）を渡され、価格は5000円だと言われました。先輩は、この薬を「スピード」と呼んでいました。先輩からは、この薬をアルミホイルの上に載せて下からライターで炙り、出てきた煙を吸うのがよいと言われました。

　Eは、これまで何度もダイエットに失敗してきたことから、簡単に痩せられるわけがないと半信半疑でしたが、早速先輩の言う方法で試してみました。すると、この薬の効果は絶大で、気分が良くなって高揚感が得られ、3日間は眠気も疲労感もなく頭が冴えていました。また、その間食欲もありませんでしたので、何も食べなくても平気でした。しかし、この薬の効果は3日間くらい持続するのですが、4日目くらいから急激に効き目がなくなってきて、イライラし、激しい脱力感と疲労感、倦怠感に襲われます。Eは、薬が切れないよう先輩に薬の入手を依頼し、頻繁にこの薬を購入するようになりました。

　ある日、Eは、薬が切れ始めてイライラしていたところ、警察官に呼び止められました。警察官には、Eの目がギョロギョロしており、目の下にクマができていたため挙動不審であると感じたようです。

　警察官は、Eを職務質問し（SECTION 12「刑事裁判」120頁参照）、所持品検査をしたところ、Eの鞄の中から白い粉末の付着したチャック付きポリ袋数枚を発見しました。警察官は、Eに覚せい剤使用の嫌疑があると判断し、Eに対して最寄りの警察署への同行を求めました。

　警察署に到着すると、警察官は、Eからこのチャック付きポリ袋数枚の任意提出を受け、これらに付着している粉末の簡易検査をしたところ、覚せい剤の陽性反応が出ました。

　警察官は、Eについて覚せい剤所持の容疑で裁判所に逮捕状の発布を請求し、裁判官の発した逮捕状により、Eを逮捕しました。また、警察官は、Eには覚せい剤使用の嫌疑もあると考えて、尿検査をするため、尿の任意提出を求めました。

Ｅは逮捕されてイライラしており、尿の任意提出を拒否しようと思いましたが、警察官からは拒否するならば強制採尿令状を取得して強制的に採尿することになると告げられたため、仕方なく尿の任意提出に応じることにしました。Ｅが任意に提出した尿を簡易検査したところ、尿からも覚せい剤の陽性反応が出たため、Ｅは覚せい剤使用の容疑でも逮捕されることになりました。

　Ｅは今後どうなってしまうのでしょうか。

○━Answer 3━ıı

　被疑者は逮捕されると、逮捕のとき（身体を拘束されたとき）から48時間以内に検察官に送致されることになります。その後、検察官は24時間以内に裁判官に被疑者の勾留を請求するかどうかを決めます。検察官が勾留を請求し、勾留が認められると、原則として10日間勾留されます。さらに10日間の勾留延長も合わせると、最長23日間警察署に留置されることになります。その後、起訴（公訴を提起）するかどうかを検察官が決めます。起訴されると、被疑者は被告人となって拘置所に移送されることになります（SECTION 12「刑事裁判」123頁参照）。

　捜査に時間がかかるような事件（複数人に対する殺人事件など）であれば、いったん別事件（怪我をした人に対する殺人未遂事件）での逮捕・勾留を先行させて被疑者を23日間留置し、その事件で起訴してから再び他の事件（死亡した人に対する殺人事件）での逮捕・勾留を繰り返すことになります。

　Ｅは、覚せい剤所持の容疑で逮捕され、引き続いて覚せい剤使用の容疑でも逮捕されています。覚せい剤所持・使用の捜査には、それほど時間はかかりませんので、Ｅは最長23日間の逮捕・勾留期間を経て、起訴されることになると思われます（覚せい剤所持・使用の場合、検察官がＥを不起訴にすることはありません）。

　Ｅは起訴されると、証拠も十分ですから有罪となるでしょう。もっとも、Ｅは初犯ですから、おそらく懲役1年6か月〜2年、3〜4年間刑の執行を猶予するという判決が下されることになり、直ちに刑務所に行くことにはならないと思われます。

　しかし、有罪判決が出てしまうと、Ｅには前科がついてしまいますので、後の人生に大きな影響を及ぼします。後悔しても後戻りはできません。安易に薬に手を出してはいけません。

Case 4 薬物依存は抜け出せない!?

　Fには5歳年上の兄（23歳）がいます。兄は大学を中退してからアルバイトを転々とし定職には就いていません。ある日、警察官数人が自宅に来ました。裁判所から捜索差押許可の令状が出ており、被疑事実は覚せい剤取締法違反でした。警察官が兄の部屋を捜索している最中に、兄が帰宅しました。兄は警察官の姿を見ると即座に逃げ出しました。慌てて警察官が追い掛け、兄は覚せい剤取締法違反（所持）の容疑で現行犯逮捕されました。どうやら兄は数年前から覚せい剤を使用していたらしく、覚せい剤使用の容疑で再逮捕されました。その約2か月後に裁判所で公判期日が開かれ、兄は起訴された事実（公訴事実）を全て認めました。家族としても兄の更生を支えていこうと話し合い、Fの父が情状証人として出廷しました。その結果、兄には懲役1年6か月、執行猶予3年の判決が下され、この判決は確定しました。

　判決が出てしばらくは兄も真面目にアルバイトに励んでいましたが、長続きせず辞めてしまいました。それから数か月の間、兄は夜遅くに帰宅して昼頃まで寝ているという不規則な生活に戻りました。父母が兄を注意すると、兄は暴力を振るうようになり、挙げ句の果てに家を出て行ってしまいました。数日後、兄が再び覚せい剤取締法違反で逮捕されたと警察から連絡がありました。

　Fの兄はどうなってしまうのでしょうか。

Answer 4

　Fの兄は、執行猶予期間中に再度罪を犯しています。法的には再度の執行猶予が可能ですが、実務上、ほとんどありません。おそらく今回は懲役1年程度の実刑判決が下されることになると思われます。その結果、兄は前刑の懲役1年6か月に今回の懲役1年を加えた2年6か月程度刑務所に行かなければなりません。

　覚せい剤をはじめとする薬物には依存性があります。誰しも最初は興味本位で薬物に手を出しますが、最終的には薬物に依存してしまい、抜け出せなくなります。再犯率が非常に高いのが特徴です。本人の努力だけでなく、周りのサポートが必要不可欠です。Fの兄は、刑務所での服役後、さらに強い心を持って更生に取り組まなければなりません。

　Gは、大学のサークルの先輩Hから一緒にアルバイトをしないかと誘われました。Hによると、Hも友人から紹介されたアルバイトだということでした。アルバイトの内容は、サプリメント（錠剤）を友人の学生やその両親に販売してほしいというものでした。

　GがHの一人暮らしのアパートに行くと、そこには何種類ものサプリメントがあり、Hは全てを試してみたとのことです。Hによると、どのサプリメントも眠気がなくなり、気分が良くなって高揚感が得られるとのことでした。GはHに勧められるがままサプリメントを1錠飲んでみました。すると、急にめまいがしてきましたが、しばらくすると気分が良くなり、テンションが上がってきました。

　Hの部屋に置いてあるサプリメントは20錠ずつケースに小分けしてあり、全部で20ケースあります。Hはこれを友人から10万円で購入したとのことです。GはHに10ケースずつ手分けして販売していこうと言われ、販売価格は1ケースを8000円とすることに二人で決めました。Gは10ケースを持ち帰り、早速友人Iに連絡すると、Iは試してみたいと言い、IがGのアパートに来ました。Iはサプリメントを試したところ、3ケース購入してくれました。

　Gは順調にサプリメントの販売を継続し、在庫が残りわずかとなってきたのでHに連絡しました。しかし、Hとは連絡がつきません。

　Hと共通の友人に連絡を取ってみたところ、どうやらHは警察に逮捕されてしまったようです。逮捕の容疑は営利目的覚せい剤譲渡罪だということでした。

　Gには何か犯罪が成立するのでしょうか。

大人になる君へ

　薬物の危険性については、いろいろなところで啓発活動がなされています。

　しかし、それでも若者が興味本位で薬物を使用して薬物依存になってしまう Case が後を絶ちません。芸能人が薬物の所持や使用で逮捕されるニュースもよく目にしますね。薬物は身近にあるのです。自分の身を守れるのは自分だけだという自覚を持つことが大切です。自分が油断していると、あっという間に薬物に汚染されてしまいます。

　一度、薬物に手を出してしまうと抜け出すことは難しいです。何度も薬物で逮捕されている芸能人を見ると、それがよく分かります。

　薬物を勧められたら、最初に「NO」と言うべきです。

　もし、薬物を勧めてくるのが友人や恋人であった場合、それはあなたにとって大切な人であるはずがありません。

　あなたが薬物に手を出した結果、あなたに起こる出来事には何一つ有益なことはありません。嫌われるかもしれないから「NO」とは言えない、では済まされないのです。

　危険な場所に近づかないこと、怪しいと思ったら逃げること、その判断や勇気が自分を守るのです。付き合ってはいけない相手を見抜くこと、危険な場所や話を察知すること、これは大人になるあなたにぜひ養ってもらいたい大切な力です。

Legal Mind で読み解く 「就職活動」

Case 1 業績悪化を理由に内定取消し!?

　Aは、就職活動の末、念願の大手アパレル企業から内定をもらうことができました。しかし、10月の内定式を控えた9月になって、突然、Aのもとに「内定取消通知書」が届きました。

　相次ぐ百貨店の閉店の影響を受けるなど大幅な売上げの減少を理由とし、社内でも早期退職勧奨などのリストラを進めているということです。

　この内定取消しは認められるのでしょうか。

Answer 1

　業績が悪化したから今期の採用を取りやめたというだけでは、内定取消しの理由として不十分であると考えられます（ただし、予測不可能な急激な業績の悪化で倒産の危機に瀕しているような場合には、内定取消しも認められる余地はあります）。

　したがって、Aは内定先に対して、労働者としての地位を有することの確認（内定取消しが無効であることの確認）や得られるべきであった給料相当額につき損害賠償などを請求することができるでしょう。

　もっとも、業績が悪いということですから、入社したとしても倒産のおそれがあるかもしれません。これから改めて就職活動をするのは大変ですが、気持ちを切り替えて新たな就職先を探すという選択も視野に入れたほうがよいでしょう。

Advice on one point

労働契約上の内定の法的性質

　内定は、労働契約上、どのような意味を持つか考えてみましょう。

　内定とは「始期付解約権留保付労働契約」といわれています。つまり、始期が到来すると（通常は4月の企業が多いでしょう）重大な解約事由のない限り効力が生じる労働契約ということです。

　内定は、始期が付されていたり、企業に解約権が留保されていたりしますが、正式な「労働契約」と評価されますので、客観的に合理的と認められ社会通念上相当な場合でなければ（一般的には解雇に匹敵するような事由がなければ）取り消すことはできないといわれています。

　つまり、企業が内定を取り消すということは、一方的な契約の破棄と評価されますので、それなりの理由が必要になるということです。

Case 2　経歴詐称で内定取消し!?

　Aは、かつてホストクラブでアルバイトをしていましたが、履歴書にはそのことについて書きませんでした。内定先から「経歴詐称に該当するとともに、アルバイトの内容から当社が求める人材として適切ではないと判断しました」との理由で内定が取り消されてしまいました。

　この内定取消しは認められるのでしょうか。

Answer 2

　重要な経歴の詐称に当たらない限り、内定の取消しは認められないと思われます。では、重要な経歴の詐称に当たるのはどのような場合かが問題となりますが、過去にどのようなアルバイト歴があろうと、犯罪行為に加担したりしたなどの事情がなければ重要な経歴の詐称には当たらないと考えられますので、内定の取消しは認められないでしょう（Case6 参照）。

Case 3　卒業できずに内定取消し!?

　Aが卒業所要単位不足により予定どおり大学を卒業できなかった場合、内定は取り消されてしまうのでしょうか。

Answer 3

　企業はAが卒業すると見込んで内定を出していますので（卒業することが労働契約開始の当然の前提となっています）、卒業できなければ内定は取り消されてしまいます。

　卒業が見込めないことが分かった時点で、大学や内定先の担当者に相談し、内定取消しを回避できる方法がないか最後まで模索してみることが必要かもしれません。もちろん、このような事態にならないよう学業をおろそかにしないことが大切です。

4 SNS への投稿が原因で
内定取消し!?

　A は、希望の企業から内定を得たことと併せて、最終面接の面接官の
外見が気持ち悪かったことを SNS に投稿してしまいました。企業名を
書いたわけではなかったのですが、どうやらこのことが原因で内定を取
り消されてしまいました。

　この内定取消しは認められるのでしょうか。

○ Answer 4 ⊪

　A の投稿が内定先への批判や内定先の評判を落とすことにつながる発
言だと判断されれば、内定を取り消される可能性があります。

　内定先の採用担当者が人柄を調べるために SNS などをチェックして
いると考えておいたほうがよいでしょう。特に実名での利用が多い
SNS は、より注意が必要です。内定後の投稿に気を配るだけではなく、
過去の投稿にも内定の可否につながる投稿がされていないか慎重になる
べきでしょう。

　もっとも、内定者が特定の思想や信条を有していること、特定の宗教
を信仰していることを理由に内定を取り消すことはできません。思想及
び良心の自由（憲法 19 条）や信教の自由（憲法 20 条 1 項）が保障され
ているからです。これらを理由に内定が取り消された場合には、内定取
消しを争うべきでしょう。

Advice on one point ⸱

内定取消しの可否

　内定通知により労働契約が成立していれば、内定取消しは労働契約の解約
（解雇）ということになり、内定取消しにも解雇権濫用法理（労働契約法 16 条）
が適用されます。

　内定取消事由が、内定先において採用内定当時知ることができず、また知ら
なかったことに落ち度がないような事実であったかどうかがまず問題になりま
す。そして、これが認められるときに、解約権留保の趣旨、目的に照らして客
観的に合理的と認められ社会通念上相当として是認することができる場合でな
い限り、内定取消しは正当化されません。つまり、企業側の勝手な都合で内定
を取り消すことはできないということです。

Case 5 内定辞退で損害賠償!?

　Bは、第2希望であったQ社の最終面接に進むことができました。その最終面接の際に、「弊社から内定を得たら就職活動は終わりにするのか」と聞かれ、Bは、まだ第1希望であるP社の最終面接が残っているにもかかわらず、「はい」と答えてしまいました。その結果、無事に、Q社から内定を得ることができました。ところが、その後、P社からも希望どおり内定を得ることができたため、Q社に対して内定辞退を伝えたところ、「弊社はこれから改めて採用活動をしなければならない。その分の損害賠償を検討する」と言われてしまいました。

　Bは、Q社が主張する損害を賠償しなければならないのでしょうか。

Answer 5

　Bには職業選択の自由（憲法22条1項）があります。企業から内定を受けることも、内定を辞退することもBの自由です。

　そして、就職活動をしている学生の弱い立場につけ込んで、就職活動の終了を迫ること（「オワハラ」といわれています）は、不当な行為であるといえます。

　とはいえ、企業も一定のコストと時間をかけて採用活動を行っていますので、採用される側にも、社会人になる第一歩として、お互いの立場を考慮して対応する必要があるでしょう。

　たとえば、BはQ社の最終面接の際に、安易に「はい」と返事をするのではなく、「一生に一度の大事な決断なのでじっくり考えたいと思います」と伝えて、直ちに結論を出すのを避けたり、「まだ就職活動は続けます」とはっきり伝えたりするなど、臨機応変に対応することも検討すべきでしょう。

就職活動

Case 6 履歴書に虚偽の経歴を記載したら解雇される!?

　Cは、就職先が決まらなかったため、大学卒業に必要な単位を取得せず2年間留年をしていました。3度目の就職活動をスタートし、2年間の留年を記載した履歴書で20社以上エントリーした結果、全て書類選考すら通過できませんでした。そこで、2年間の留年を海外留学に書き換えてエントリーしたところ、書類選考を通過するだけでなく、数社の内定を得ることができました。しかし、入社後にこの経歴詐称が発覚し、懲戒解雇を言い渡されました。

　Cに対する懲戒解雇は認められるのでしょうか。

Answer 6

　労働契約は、企業と労働者との信頼関係を前提として成り立つ契約です。入社後、労働者の重要な経歴に詐称が発覚した場合には、企業側は労働者を解雇（懲戒解雇又は普通解雇）することができます。

　企業側が労働者を解雇するのが相当といえるためには、重要な経歴に詐称がなければなりません。ここでいう重要な経歴とは、学歴や職歴、犯罪歴などのことをいいます（しかし、後記のとおり、何をもって「重要」というのかについては曖昧な面もあります）。では、なぜ重要な経歴に詐称があると、企業側は労働者を解雇することができるのでしょうか。企業が労働者を採用する際には、労働者が企業の求める能力を有しているか、企業風土に合致しているかなど様々な事情を考慮しています。しかし、重要な経歴に詐称があると、採用の前提が崩れてしまいます。前提が崩れてしまえば、企業と労働者との信頼関係は成り立たなくなってしまいます。

　このような場合に、企業側は就業規則で「重要な経歴に詐称があった場合には懲戒解雇する」と定めていることがあり、この規定を根拠に経歴を詐称した労働者を懲戒解雇することになります。

　しかし、どのような場合に「重要な経歴に詐称があった」といえるのかについては曖昧です。大学時代にしていたアルバイトを全て履歴書に記載しなければならないかというと、そういうわけではありません。アルバイトの記載を省略したとしても重要な経歴に詐称があったとはいえないでしょうし、これを理由に解雇をするのは行きすぎでしょう。

もっとも、Ｃは、海外留学していないのに２年間海外留学したと虚偽の経歴を履歴書に記載しています。入社した企業が、Ｃの２年間の海外留学経験に着目し、相応の語学力やコミュニケーションスキルがあることを前提に採用を決めていたとすれば、企業側にとって採用の前提が崩れてしまいます。実際に、入社後、企業の期待する能力とＣの能力に差があると、Ｃは企業の求める人材ではなかったことになります。

　したがって、Ｃは重要な経歴に詐称があるとして、懲戒解雇されてしまう可能性があるでしょう。

Advice on one point

労働者の懲戒

　使用者が労働者の懲戒を適正に行うためには、就業規則に懲戒の対象となる事由（どのような行為をすれば懲戒されるのか）、これに対する懲戒の種類（厳重注意、減給、出勤停止、降格、諭旨退職、懲戒解雇など）・程度（減給の額及び期間、出勤停止の期間など）、懲戒の手続（弁明の機会の付与など）が明記され、さらに就業規則が周知されている必要があります。これらの手続に瑕疵があると、たとえ労働者側に懲戒解雇に相当するような重大な事由があったとしても、懲戒解雇そのものが無効とされる可能性があります。

就職活動

097

考えてみよう
Additional Questions

　Ｄは大学生活において様々なアルバイトを経験し、内定を得た企業のライバル会社でのアルバイト経験がありました。面接時、アルバイト経験を聴かれた際に、Ｄはあえてライバル会社での勤務実績を伝えることに躊躇し、回答しませんでした。そのことが内定後に発覚し、内定を取り消されてしまいました。

　この内定取消しは認められるのでしょうか。

Case 7 懲戒解雇の事実を 告げなかったら経歴詐称!?

Eが懲戒解雇を受けた後、転職活動をする際、前職の退職理由が懲戒解雇であったことを申告しなければ、経歴詐称となるのでしょうか。

○━Answer 7 ━ıı

懲戒解雇は確定した有罪判決ではないので、履歴書の賞罰欄に記載する義務まではないでしょう。しかし、履歴書の職歴欄に退職理由を「一身上の都合」と記載し、懲戒解雇であったことを申告しなければ重要な経歴の詐称に当たります。一方で、虚偽の退職理由を記載するのではなく、履歴書の職歴欄に退職理由を記載しなかったとしても、結局は採用面接時に退職理由を確認されることになるでしょう。そして、採用面接の担当者から退職理由に疑義を持たれた場合、前職の離職票や退職証明書の提出を求められることになります。離職票には「重責解雇」と記載されるため、懲戒解雇されていることがすぐに分かってしまいます。いずれにせよ、企業側がきちんと調査をすれば懲戒解雇されていることはすぐに発覚してしまうでしょう。

また、前職の企業名そのものを記載しないことも、結局は懲戒解雇の事実を隠していることになりますので、重要な経歴の詐称に当たると評価されるでしょう。

懲戒解雇されたことが分かると、採用される可能性は非常に低くなるので、懲戒解雇されたことを隠したくなります。しかし、懲戒解雇の事実を隠蔽することで、再度懲戒解雇になるリスクがあります。たとえ、退職理由を質問されることがなかったとしても、そのリスクを避けたいのであれば、懲戒解雇の事実は正直に伝えておくべきでしょう。

Case 8 希望の企業の先輩に誘われて ありがた迷惑!?

　Fは、第一希望の企業に採用されたくて、企業研究だけでなく、大学のキャリアセンターを通じてOB・OG訪問も積極的に行っていました。

　ある日、FがOB訪問をすると、同じ大学出身であるG（男性）が名刺を渡しながら携帯電話番号を聞いてきました。Fとしては、第一希望の企業であり、大学の先輩であるGに企業のことや、就職活動のことをいろいろ聞きたいと思って、自分の携帯電話番号を伝えました。

　その後、Gからは、就職活動とは関係なく呼び出されるようになり、休日になると一緒に食事をするようになりました。Gは、「上司によく言っておくよ。僕が言えば君の内定は間違いないよ」と常々口にしていました。Fとしては、Gの発言から自分の就職活動に有利に働くのではないか、Gから就職活動について有益な話が聴けるのではないかと思ってしばらくは誘いに応じていました。ところが、最近になって、Gに映画に誘われ、さすがにそれを断ると、Gからは、「僕の誘いを断るなら、君の内定はなくなるよ」と言われました。

　FはこのままGの誘いに応じ続けなければいけないのでしょうか。

099

就職活動

○Answer 8 ⊨

　就職活動中の学生にとって内定は、喉から手が出るほど欲しいものだと思います。しかもそれが自分の第一希望の企業であればなおさらです。

　そんな学生の弱みにつけ込んで、学生の気持ちを弄ぶ悪い大人もいますので、注意する必要があります。

　OB・OG訪問は、出身大学が同じということで気を許してしまいがちですが、やはり就職活動とプライベートとはきちんと分けて行動するようにしましょう。そして、OB・OG訪問で仲良くなったとしても、二人きりで会うのは避ける、休日に会うのは避けるなど勘違いされることのないよう行動してください。

　OB・OG訪問は就職活動においては有益な機会ですが、OB・OGと個人的な付き合いをしたからといって就職で有利になることはありません。

　就職活動を通じてトラブルになりそうなときは、大学のキャリアセンターに相談するなどして早めに対処することで、トラブルの拡大を防ぐことができます。

大人になる君へ

　企業側から就職活動で見られているのは、あなたが企業にとって必要かどうか、企業での勤務を通じてあなたが人間的に成長し、企業に貢献してくれるかどうかです。採用面接で虚偽の自分を作り出しても、入社してから化けの皮が剥がれ、その企業に居づらくなってしまったのでは元も子もありません。自分のありのままをさらけ出し、その自分をきちんと評価してくれる企業に巡り合いたいものですね。そして、巡り合った縁を大切にしたいものです。

　一方で、同じ世代の大学生が就職活動をしているから自分も就職活動をするというように安易に流されるのではなく、「今の自分に何ができるか」、そして、「将来の自分は何がしたいか」という自分の「現在」と「未来」をきちんと見つめることも大切だと思います。社会は流動化し、一つの企業に就職して定年まで勤めるという時代ではなくなっています。就職活動が全てではありません。

　大人とは、自分の発言や行動に責任を持つことができる人のことをいいます。大人になるあなたは、これからSNSを含むあらゆる場での言動が、どのような印象や影響を与えるのかを予測して行動すべきです。あなたの言動は全てに責任が伴うものだということを意識して、社会に素晴らしい功績を残せる大人になりたいですね。

Legal Mind で読み解く
「倒産」

Case 1 　破産はどのような場合にできる!?

　Aの父親が経営する株式会社αの売上げが減少し、金融機関からの借入れを返済できなくなりました。Aの父親は株式会社αについて破産を申し立てることを検討しているようですが、破産はどのような場合にすることができるのでしょうか。

Answer 1

　債務者が支払不能（債務者が、支払能力を欠くために、その債務のうち弁済期にあるものにつき、一般的かつ継続的に弁済することができない状態）の場合に、破産手続は開始されます。債務者が法人の場合は、債務超過（債務者が、その債務につき、その財産をもって完済することができない状態）も破産手続開始の原因となります。要するに、株式会社αの資産（財産）と負債（借金）を比較して、資産（財産）に比して負債（借金）のほうが大きければ、債務超過といえます。

　株式会社αが債務超過の場合は、破産手続が開始されます。破産手続が開始されると裁判所によって破産管財人が選任され、破産管財人が破産者である株式会社αの財産の管理・処分権を有することになります。

Case 2 　会社が破産すると代表者も破産しなければならない!?

　Aの父親が経営する株式会社αが破産した場合、Aの父親も破産することになるのでしょうか。

Answer 2

　Aの父親が株式会社αの債務を連帯保証していた場合には、Aの父親も破産することになる場合が多いと思われます。

　もっとも、この場合でも、個人再生手続や経営者保証ガイドラインを利用して破産を回避する方法もあります。

Advice on one point

保証人の責任

　保証人になると、主債務者が債務を弁済しなければ、債権者は保証人に対して保証債務の履行を求めてきます。場合によっては、保証人が保有する預貯金などの財産や給料が差し押さえられたり、破産を余儀なくされたりすることもあります。また、連帯保証人は、主債務者が債務を弁済しなければ、主債務者とともに弁済の責任を負います（補充的な責任ではありません。これが単なる保証人とは違うところです）。連帯保証人の責任は極めて重いです。

　ところが、2020年4月1日から民法における保証のルールが変更されました。

　個人が保証人になる根保証契約については、保証人が支払いの責任を負う金額の上限となる極度額を定めなければ、保証契約は無効とされることになりました。つまり、保証契約に極度額という限度が定められたのです。

　民法の改正によって保証のルールが変わったとはいえ、安易に誰かの債務の保証人になってはいけません。保証人の人生にも大きな影響を及ぼすことになります。

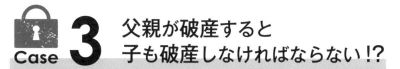

Case 3　父親が破産すると子も破産しなければならない⁉

　Aの父親が破産しなければならなくなったとして、Aも破産をしなければならないのでしょうか。

Answer 3

　Aは、株式会社αや父親の債務を（連帯）保証しているわけではありませんので、Aが株式会社αや父親の債務の存在を理由に破産をする必要はありません。しかし、Aの父親が株式会社αや自分の債務について破産などによる債務整理をせずに死亡した場合には、それらの債務は相続人であるAらが相続することになります。これを避けるためには、Aらは相続放棄の手続をしなければなりません。相続放棄をするとAらは父親の相続人ではなかったことになりますので、全ての財産を相続することができなくなります。

　破産をすることで債務の相続（負の連鎖）を断ち切り、「債務者について経済生活の再生の機会の確保を図ること」という破産法の目的を実現することができるのです。

アルバイト先が破産したけど、給料は支払ってもらえる!?

大学3年生のBは、入学当初から働いていたアルバイト先の飲食店に出勤すると、「破産することになったので契約を終了する。明日から来なくてよい」と一方的に解雇を言い渡されました。それまでの給料は支払ってもらえるのか確認しても、店長からは、「分からない」と要領を得ない回答しかもらえません。

Bは給料を支払ってもらうことができるのでしょうか。

⊶Answer **4** ⊔

通常は、アルバイト先の飲食店に代理人弁護士が選任されて、破産申立ての準備をすることになると思われます。その際に、資金があれば労働債権（労働者の給料の請求権など）については優先的に弁済してもらえることが多いと思われます。しかし、その資金がなければ、給料の支払いを受けることは困難になります。

破産などの法的な手続の中で、自分がこれからどのようなことをしなければならないのか不安な気持ちでいっぱいでしょう。まずは、アルバイト先と確実に連絡の取れる方法を確認しておくことが大切です。そして、アルバイト先も混乱して資料が散逸する可能性もありますので、タイムカードなど自分が働いた時間を証明できる資料を確保しておく必要があります。その後、破産手続が開始されると、通常は、破産管財人が選任され、破産管財人が破産者（破産手続開始決定がなされると、「債務者」は「破産者」と呼ばれるようになります）の財産を管理し、換価処分していくことになります。

ところで、労働債権者（給料の請求権などを持つ労働者）の保護を図るため、破産法上、破産手続開始決定前3か月分の給料の請求権（アルバイト料は今のところ財団債権になる可能性が高いですが、破産の申立てが遅れると財団債権ではなく、優先的破産債権となってしまいますので、注意が必要です）については破産債権よりも優先的な取扱いを受ける「財団債権」とされています。

したがって、破産財団（破産管財人が管理している破産者の財産）が十分ある場合には、Bのアルバイト料も財団債権として随時弁済してもらえるでしょう。

Case **5** アルバイト先の破産は 受け入れるしかない!?

Case4 で、B は急に仕事を失い給料も支払ってもらえない状況に陥っています。

B のような労働者を保護する制度はないのでしょうか。

Answer 5

B のようにアルバイト先から破産などの理由で解雇された場合には、以下のような労働者保護の制度があります。

解雇予告手当

使用者が労働者を解雇しようとする場合、少なくとも 30 日前に解雇の予告をしなければならないというルール（労働基準法 20 条）があります。B は、解雇予告されることなく、突然の解雇を言い渡されているため、30 日分以上の平均賃金相当の解雇予告手当を支払ってもらうことができます。しかし、使用者に資金がない場合は、支払いを受けることは困難です。

失業手当

アルバイトであっても、雇用保険の被保険者（31 日以上引き続き雇用されることが見込まれ、1 週間の所定労働時間が 20 時間以上であること）で、離職の日以前 2 年間に、被保険者期間が通算して 12 か月以上ある場合は、失業手当を受給できる可能性があります。アルバイト先に離職票を作成してもらい、ハローワークに問い合わせてみましょう。

未払賃金立替払制度

使用者の倒産（これには「法律上の倒産」と「事実上の倒産」があり、それぞれで制度が違いますので注意が必要です）により、給料や退職手当が支払われない場合、「未払賃金立替払制度」により、給料や退職手当の立替払いを受けることができる可能性があります（ただし、給料や退職手当の 8 割相当額が立替払いされますが、年齢に応じて上限があります）。また、解雇予告手当は立替払いの対象にはなりませんので注意が必要です。

　未払賃金の立替払いを請求する場合は、法律上の倒産の場合には破産管財人などによる証明、事実上の倒産の場合には労働基準監督署長による認定を受けること、労働者が退職してから破産の申立てなど（法律上の倒産の場合）や労働基準監督署への認定申請（事実上の倒産の場合）が 6 か月以内になされていなければならないことなど一定の要件がありますので、すみやかに弁護士や労働基準監督署などに相談してみましょう。

Case 6 生活が苦しくて借金をして しまった!?

　Ｃは大学生になり一人暮らしを始めました。実家から仕送りをしてもらっていますが、それだけでは友人や交際相手と遊ぶお金が足りなかったため、数十万円ならすぐに返済できると考えて、消費者金融から借金をしました。初めのうちは返済額も少なかったため問題はなかったのですが、簡単に借り入れられたことから次第にその額も増えていきました。借入れの額が増えてくると、当然のことながら返済額も増えてきたため、Ｃは、消費者金融からの借金を返済するために別の消費者金融からも借入れをするようになりました。その結果、Ｃの借金は 300 万円にまで膨れ上がり、返済額は毎月 10 万円以上となってしまいました。Ｃはアルバイトを始めましたが、今の収入では借金を返済するのが困難な状況です。

　Ｃは消費者金融からの借金を整理することはできるのでしょうか。

Answer 6

　Ｃには、債務整理の方法として、（ア）破産、（イ）個人再生、（ウ）任意整理の方法があります。

　破産は、最終的には免責許可を得られるため借金をゼロにすることができますが、免責不許可事由があり、これに該当すると免責が許可されません。浪費によって著しく財産を減少させ、又は過大な債務を負担したことが免責不許可事由とされていますので、これに該当する場合には免責が許可されません。Ｃは、いわゆる遊興費のために消費者金融から借金をしていますので、浪費によって過大な債務を負担したことになり、免責不許可事由に該当することになります。もっとも、免責不許可事由に該当する場合であっても、裁判所は、破産手続開始の決定に至った経緯その他一切の事情を考慮して免責を許可することが相当であると認めるときは、免責許可の決定をすることができますので（これを裁量免責といいます）、破産にチャレンジすることも検討に値するでしょう。

　個人再生は、個人である債務者のうち、将来において継続的に又は反復して収入を得る見込みがあり、かつ、再生債権の総額が 5000 万円を超えない場合に利用でき、再生債権の大部分の免除を受け、残りの部分につき原則 3 年間（最長 5 年間）で弁済していく手続です。しかし、Ｃ

には継続的に収入を得る見込みがありませんので、個人再生手続を利用するのは難しいでしょう。

　最後に、任意整理は、主に弁護士などの法律専門家が代理人となり債権者との間で債務の弁済額について交渉する手続です。任意整理では債務の免除を得ることは難しいですが、債務の額を固定化し、長期間の分割弁済の合意を成立させることは可能です。Cの場合でも、債務の額を300万円に固定化し、これを毎月5万円の60回（5年間）で分割弁済する合意を成立させることは可能でしょう。

　いずれの方法を利用したとしても、Cは債務の支払いをいったん停止したことになりますので、信用情報機関に登録されてしまいます。Cは、いわゆるブラックリストに載ってしまいますので、5～10年間は新たな借入れができなかったり、クレジットカードの会員登録ができなかったりするなどの不都合が生じてしまうかもしれません。

　お金を貸してもらえるというのは信用があることの現れです。しかし、借りたお金を返すことができなければ信用はなくなります。借りすぎにはくれぐれも注意しましょう。

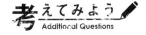
考えてみよう
Additional Questions

　Cは消費者金融からお金を借りる際に、申込書の職業欄に大学生とは記載せず会社員と記載し、収入欄にも虚偽の年収を記載してしまいました。Cは最終的に300万円を借り入れ、これを返済できなくなりました。

　Cが破産の申立てをした場合と任意整理をした場合とで、何か違いはあるのでしょうか。

大人になる君へ

　家族が破産しなければならない状況に陥るのは、非常に
つらい出来事だと思います。破産に至るまでにも、家族が
資金繰りに奔走し、金融機関や取引先に支払いを待っても
らうために頭を下げたり、ときには罵声を浴びせられたり
している姿を見ていればなおさらです。

　私のもとに相談に来られた経営者やその家族からこのよ
うなお話を聞くと、胸が痛みます。私は、債務整理の相談
に来られた方には、「よく頑張りましたね。もう頑張らな
くてよいですよ。いったんリセットしてまた出直しましょ
う。大丈夫。何とかなります」とお伝えしています。

　皆さんが破産をする人に対して持つイメージは、「借金
を踏み倒す悪い人」なのかもしれません。もちろん、意図
的にかつ計画的に破産をし、「免責」という効果を引き出
そうとする「悪い」破産者も中にはいるかもしれません。
しかし、大部分の破産者やその家族は借金を返すために生
活を切り詰めたり、子どもは進学を諦めたりしています。
ときには借金に苦しみ、命を絶とうする経営者もいるので
す。借金が理由で、経営者が命を絶つような社会であって
はならないと思います。失敗しても真摯に反省してやり直
そうと考えている人が、再度チャレンジのできる社会に
なってほしいものです。

Section 11

Legal Mind で読み解く
「相続」

Case 1 身内に不幸があったら!?

　Aの父Bには、妹Dと弟Eがいます。先日、Aの祖父（父方）Fが亡くなりました。祖母（父方）Gは80歳を過ぎていますが、健在です。

　祖父Fの遺産には、現在祖母Gが居住している居宅とその底地（時価は土地建物を合わせて約2000万円）、預貯金2000万円のみです。

　Aの父Bは、実家を出て大阪で就職し結婚しましたので、実家にはほとんど帰っていません。祖父母の世話は、実家の近くに住んでいる叔母Dがしてくれていました。

　祖父Fの相続に際して、法定相続分はどのような割合になるのでしょうか。

∘Answer 1 ₌₌

　Aの祖父Fの法定相続人は、祖母G、Aの父B、叔母D、叔父Eの4名となります。法定相続分割合は、祖母Gが2分の1、Aの父Bが6分の1、叔母Dが6分の1、叔父Eが6分の1となります。

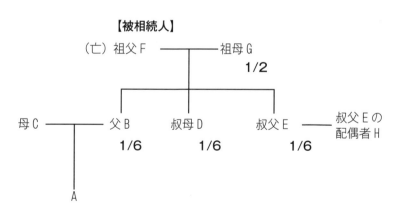

Case 2 身の回りの世話をしていたら遺産を多くもらえる!?

Case1 で、叔母 D が祖父 F の生前、食事を提供するとともに、祖父 F を自宅で看取るまでの間、祖父 F の身の回りの世話を全て行ってきたのだから自分がほかの相続人である A の父 B や叔父 E よりも遺産を多くもらえるはずだ、と主張していた場合はどうなるのでしょうか。

また、叔父 E は、自分の妻 H が一定の期間、祖父 F の仕事を無償で手伝っていたのだから H も祖父 F の遺産の一部をもらえるはずだ、と主張していた場合はどうなるのでしょうか。

Answer 2

叔母 D は寄与分を主張していると思われます。

寄与分は、共同相続人中に、被相続人の事業に関する労務の提供又は財産上の給付、被相続人の療養看護その他の方法により被相続人の財産の維持又は増加について特別の寄与をした場合に認められます。

直系血族及び兄弟姉妹は、互いに扶養をする義務がありますので、この扶養義務との兼ね合いもあり、叔母 D の寄与の程度が扶養の範囲内にとどまるのであれば寄与分は認められないでしょう。寄与分が認められるためには、あくまで「特別の寄与」が必要だからです。

たとえば、叔母 D が、祖父 F の仕事を無償で手伝っており、その結果、従業員を雇用せずに済んでいた場合や、祖父 F の療養看護に努め、そのおかげで訪問介護員を雇用せずに済んでいた場合などであれば、従業員の給料相当額や訪問介護員の報酬相当額の支出を免れていますので、叔母 D の寄与分の主張は認められることになります。

叔父 E の配偶者 H は特別寄与料の主張をしていると思われます。

被相続人に対して無償で療養看護その他の労務の提供をしたことにより被相続人の財産の維持又は増加について特別の寄与をした被相続人の親族（特別寄与者）は、相続の開始後、相続人に対し、特別寄与者の寄与に応じた額の金銭（特別寄与料）の支払いを請求することができます。

この特別寄与者は、被相続人の親族（6 親等内の血族、配偶者及び 3 親等内の姻族）がこれに当たりますが、相続人は含まれません。

H は祖父 F の仕事を無償で手伝っていたとのことですので、相続人に対して特別寄与料の支払いを求めることができます。

3 遺産はどのように分ける!?

Case1 で、祖父 F の遺産を分割するに際して、叔母 D が法定相続分割合では納得できないと言っているそうです。A の父 B から聞いたところでは、「全て父（A からすれば祖父 F）の面倒は私が看てきたし、最近は、父が全財産を私に相続させたいと言っていた」と叔母 D が主張しているとのことです。

この場合の祖父 F の遺産はどのように分けることになるのでしょうか。

Answer 3

まず、祖父 F が叔母 D に全財産を相続させたいと言っていた点について検討します。

祖父 F が自分の財産を誰かに譲る方法としては、主に、生前贈与、死因贈与と遺贈があります。

生前贈与は文字どおり、生きている間に贈与するものです。贈与は口頭でも可能ですが、契約の一種ですので、お互いの意思が合致していないといけません。民法 549 条では、「贈与は、当事者の一方がある財産を無償で相手方に与える意思を表示し、相手方が受諾をすることによって、その効力を生ずる」と規定されています。そして、書面によらない贈与は、履行の終わった部分を除き、各当事者が解除できます。

叔母 D が、祖父 F との間で、口頭とはいえ、贈与契約が成立していたことを立証できる場合には、叔母 D は、祖母 G 及び A の父 B、叔父 E に対して全財産の引渡しを請求することができます。

次に、祖父 F が死因贈与をしていた場合、つまり祖父 F が、自分が死んだら全財産を叔母 D に贈与すると言っていた場合にはどうなるでしょうか。

死因贈与契約とは、贈与者の死亡によって効力を生ずる贈与契約のことをいいます。死因贈与は後記の遺贈と似ていますので、遺贈の規定が準用されています。

したがって、死因贈与契約が有効に成立していた場合、祖父 F の死亡によって全財産は叔母 D に贈与されます（ただし、「遺留分」といって一定の割合の財産を兄弟姉妹以外の相続人は最低限確保できる制度があります）。しかし、死因贈与契約が口頭でなされていた場合には、死

因贈与契約の存否について相続人間で激しく争われることになります。その意味では、贈与契約は口頭でも可能ですが、死因贈与契約書をきちんと作成しておくべきでしょう。

　最後に、祖父 F が遺贈をしていた場合はどうでしょうか。

　遺贈とは、遺言により贈与することをいいます。遺贈は、包括的に財産の全部又は一部を遺贈する包括遺贈と特定の財産のみを遺贈する特定遺贈があります。遺贈は、遺言によって贈与するものですので、遺言の方式（自筆証書、公正証書又は秘密証書）に従う必要があります。

　Case3 では、祖父 F が叔母 D に対して全財産を贈与する旨の贈与契約書ないし死因贈与契約書が作成されているわけではありませんので、祖父 F が全財産を叔母 D に相続させたいと言っていたかどうか、つまり贈与ないし死因贈与の契約が成立していたといえるかどうかについて疑義があります。また、祖父 F の遺言があるわけでもありませんので遺贈が成立しているということもありません。

　したがって、祖父 F の全財産が叔母 D に相続されることはないものと思われます。

　叔母 D は法定相続分割合では納得していませんが、この場合に祖父 F の相続手続はどのように行われるのでしょうか。相続手続をするに際しては、まず相続人を確定させる必要があります。そのためには、被相続人の出生時から死亡時までの戸籍（除籍、改製原戸籍）謄本（全部事項証明書）や相続人全員の戸籍謄本（全部事項証明書）などの資料を取得します。そのうえで、遺産分割協議書を作成するのが一般的です。遺産分割の協議が調わない場合には、家庭裁判所に対して、遺産分割調停を申し立てることになります。調停が成立すれば調停調書が作成されます。調停調書は確定判決と同一の効力を持ちます。この調停調書をもって預貯金口座の解約や不動産の登記などの相続手続ができます。

　調停でも相続人間の対立が解消されず話し合いがまとまらない場合には、審判手続に移行することになります。この家事審判及び家事調停については家事事件手続法という法律に規定されています。

　叔母 D は遺産分割の協議には応じないでしょうから、祖母 G、A の父 B、叔父 E のうち一人又は数人が家庭裁判所に対して、遺産分割調停を申し立てます。調停でも話し合いがまとまらなければ家庭裁判所が審判をすることになります。しかし、これに不服がある場合には高等裁判所に対して即時抗告ができますので、争いが長期化していくことになります。

配偶者短期居住権と配偶者居住権

　被相続人の死亡に伴い、無償で居住していた配偶者の居住権が脅かされる事態が生じていました。無償で居住するということは使用貸借契約になりますが、相続人との間で使用貸借契約が成立しているといえるかどうかという点には微妙な問題があり、権利関係が不安定でした。

　そこで、少なくとも遺産分割協議をしている間は居住権を認めることにしたのが配偶者短期居住権です。また、これに加えて、配偶者の長期的な居住を確保するための配偶者居住権も民法の改正により認められることになりました。

【配偶者短期居住権】

　配偶者は、被相続人の財産に属した建物に相続開始のときに無償で居住していた場合には、その居住していた建物（居住建物）の所有権を相続又は遺贈により取得した者（居住建物取得者）に対し、居住建物について無償で使用する権利（居住建物の一部のみを無償で使用していた場合にあっては、その部分について無償で使用する権利）を有するものとされています。このことを「配偶者短期居住権」といいます。

　居住建物について配偶者を含む共同相続人間で遺産の分割をすべき場合は、遺産の分割により居住建物の帰属が確定した日又は相続開始の時から6か月を経過する日のいずれか遅い日、これ以外の場合は、居住建物取得者が配偶者短期居住権の消滅の申入れをした日から6か月を経過する日まで、短期居住権があります。

【配偶者居住権】

　被相続人の配偶者は、被相続人の財産に属した建物に相続開始の時に居住していた場合において、遺産の分割によって配偶者居住権を取得するものとされたときや、配偶者居住権が遺贈の目的とされたときは、その居住建物の全部について無償で使用及び収益をする権利を有するものとされています。このことを「配偶者居住権」といいます。この配偶者居住権は配偶者の終身の間、つまり死ぬまで存続します。

Case 4 法定相続分はどうなる !?

Aの叔母（母方）Iが亡くなりました。叔母Iには子どもがおらず、配偶者Jも既に亡くなっています。Aの祖父母（Aの母Cから見ると父母）KとLも既に亡くなっています。兄弟姉妹は、Aの母C（姉）のほかに、弟のMがいます。

この場合、法定相続分はどうなるのでしょうか。

Answer 4

相続の順序は、第1順位として子（子が相続開始以前に亡くなっているときは孫）、第2順位として、第1順位に該当する者がいない場合には直系尊属（父母、祖父母の近い者を優先）、第3順位として、第1順位や第2順位に該当する者がいない場合には兄弟姉妹となります。同順位の者が数人あるときは、相続分は均等になります。

なお、配偶者は相続開始時に存命であれば常に相続人となります。

Case4では、Aの叔母Iは、第1順位や第2順位の相続人に該当する者がいませんし、配偶者も亡くなっていますので、相続人は第3順位の兄弟姉妹であるAの母Cと叔父Mになります。相続分は2人で均等になります。

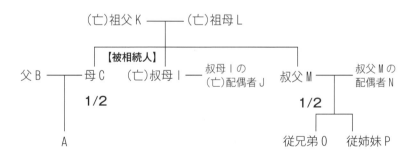

Case 5 共同相続人が行方不明の場合はどうなる !?

Case4 で、Aの母Cによると、共同相続人である叔父Mが行方不明であるとのことです。長年音信不通で、生死も不明とのことです。

この場合、遺産分割手続はできないのでしょうか。

Answer 5

叔父Mが既に死亡していた場合について、まず考えてみましょう。

叔父Mが死亡していたとしても、叔父Mに子がいれば叔父Mの相続分はその子に代襲相続されます（ただし、兄弟姉妹の代襲相続は子までで孫には代襲されません）。したがって、この場合には、Aの母Cと叔父Mの子であるOとPが相続することになります。

叔父Mが死亡していたと確定することができず、行方不明の場合にはどうなるのでしょうか。

叔父Mが行方不明であっても生存している可能性がある以上、Aの母Cが勝手に遺産分割手続を進めることはできません。また、叔父Mの子であるOとPも、Mの死亡が確定しない限り相続することにもなりません。しかし、叔父Mの了承が得られなければ遺産分割手続を進められないとなると、いつまでも相続手続が完了せず不合理です。

この場合には、叔父Mの財産を管理する「不在者財産管理人」を家庭裁判所に選任してもらうことで、遺産分割手続を進めることができます。

したがって、この場合には、Aの母Cは、家庭裁判所に叔父Mの財産を管理する不在者財産管理人の選任を申し立て、家庭裁判所において不在者財産管理人を選任してもらい、不在者財産管理人との間で遺産分割協議を成立させることができます。

なお、この場合には家庭裁判所に不在者財産管理人の報酬に相当する予納金を納付しなければなりません。この不在者財産管理人の選任を申し立てる際の予納金は 50 万円程度が必要です。

また、不在者財産管理人には弁護士などの法律の専門家が選任されますが、不在者財産管理人は公平な第三者として叔父Mの財産を管理することになります。そのため、Aの母Cと不在者財産管理人との間で遺産分割協議を成立させるに際しても、叔父Mの財産を害することがないかどうかという点について配慮されることになります。

相続人の欠格と推定相続人の廃除

　民法891条には、相続人の欠格事由が定められています。

　つまり、被相続人や先順位の相続人を死亡するに至らせるなどして刑に処せられた者、被相続人が殺害されたことを知って告発などをしなかった者、詐欺又は強迫によって、被相続人が相続に関する遺言をするに際して不正な関与をした者は、相続人となることができません。

　また、民法892条には、推定相続人の廃除が定められています。

　遺留分を有する推定相続人（相続が開始した場合に相続人となるべき者）が、被相続人に対して虐待をし、若しくはこれに重大な侮辱を加えたとき、又は推定相続人にその他の著しい非行があったときは、被相続人は、その推定相続人の廃除を家庭裁判所に請求することができます。廃除が認められると、被相続人の財産を相続することができなくなります。そして、この廃除は遺言ですることもできます。

考えてみよう ✐
Additional Questions

　Qの父は町工場を経営していました。毎日毎日汗水垂らして働いていましたが、過労がたたって病気になり亡くなってしまいました。

　相続人はQの母、Q、Qの妹の三人です。

　Qの父の遺産としては町工場の土地建物（時価2000万円相当）くらいしかありません。この土地建物には銀行の抵当権が設定されています。

　Qの父が亡くなってしばらくした後、銀行から通知が届きました。その通知には、Qの父が銀行から借りていた5000万円について一括で返済を求めるものでした。

　Qらは父から借金は町工場の土地建物を売却すれば返済できると聞いていました。

　しかし、実際には借金の額は土地建物の金額を大きく上回っています。

　この場合に、Qらの採り得る手段としてはどのようなものがあるのでしょうか。

大人になる君へ

　人が死ぬというのは不幸なことです。しかし、人間である以上避けて通ることはできません。

　人の死亡により相続が発生します。

　相続が発生すると、相続人それぞれの利害が出てきて揉め事に発展することがあります。これが「争続」と呼ばれるゆえんです。親族間で争いになるのは、精神的に非常に疲弊するものです。不幸にして、あなたが「争続」の当事者になることがあるかもしれません。

　相続には一定のルールがあります。話し合いで決着がつかなければ、家庭裁判所に遺産分割調停を申し立てることができます。感情論は抜きにして法律に従った解決ができるとよいのですが、なかなか難しい面もあります。相続で親族間の人間関係が崩れることは、往々にしてあります。そのような「争続」にならないためには、親族間できちんと財産の分配方法などについて、事前に話し合いをしておくことが必要です。

Legal Mind で読み解く
「**刑事裁判**」

Case 1 ある日突然逮捕されたら!?

　ある日、Ａが気分転換にいつもと違う道を通って自宅へ帰っている途中で、近くの古い建物から火が出ているのに気がつきました。慌てて隣の家のインターフォンを鳴らして避難するよう伝え、警察と消防にも通報しました。駆け付けた警察官から火事を発見した経緯の聴取を受けていると、大勢の警察官がＡのもとに集まってきました。警察署でＡから詳しく事情を聴きたいとのことです。どうやら、近所で目撃されていた不審者とＡの見た目や年齢がよく似ているというのです。Ａは自宅に帰ろうとしていただけで、この後も予定があるから自宅に帰りたいと伝えたのですが、警察署に一緒に行ってくれないならば逮捕すると言われてしまいました。

　Ａは警察署に行かないといけないのでしょうか。

Answer 1

　警察官がＡに事情を聴取する法的な権限はあるのでしょうか。

　警察官職務執行法には、「警察官は、異常な挙動その他周囲の事情から合理的に判断して何らかの犯罪を犯し、若しくは犯そうとしていると疑うに足りる相当な理由のある者又は既に行われた犯罪について、若しくは犯罪が行われようとしていることについて知つていると認められる者を停止させて質問することができる」（警察官職務執行法2条1項）と規定されています。そして、「その場で前項の質問をすることが本人に対して不利であり、又は交通の妨害になると認められる場合においては、質問するため、その者に附近の警察署、派出所又は駐在所に同行することを求めることができる」（警察官職務執行法2条2項）とも規定されているのです。

　しかし、これはいわゆる「任意同行」と呼ばれるものです。言葉のとおり「任意」ですので、警察官はＡを強制的に警察署に連れて行くことはできません。同じく警察官職務執行法には、「前二項に規定する者は、刑事訴訟に関する法律の規定によらない限り、身柄を拘束され、又はその意に反して警察署、派出所若しくは駐在所に連行され、若しくは答弁を強要されることはない」（警察官職務執行法2条3項）と規定されており、Ａの意に反して警察署に連行されることはないはずです。

もっとも、「刑事訴訟に関する法律の規定によらない限り」という留保がついており、これは、警察官が逮捕状を請求して裁判官が逮捕状を発布したときは別という意味です。刑事訴訟法では、「検察官、検察事務官又は司法警察職員は、被疑者が罪を犯したことを疑うに足りる相当な理由があるときは、裁判官のあらかじめ発する逮捕状により、これを逮捕することができる」（刑事訴訟法199条1項）と規定されています（司法警察職員が警察官に当たります）。

　つまり、Aに「罪を犯したことを疑うに足りる相当な理由」があると判断され、逮捕状が出されてしまうと非常に面倒なことになります。

　Aにとっては濡れ衣ですが、潔白であるならば逃げずにきちんと説明したほうが得策です。

　したがって、Aは、自分を犯人だと疑う警察官に対して、放火当時自分がどこにいたのか、自分が犯人なら通報せずに逃げているはずだなどと自らの潔白を主張すればよいです。それでも警察官が納得してくれない場合には、後日弁護士と一緒に必ず警察署に行くから今日は帰らせてほしいと伝えてください。

　結論として、Aは自分の連絡先をきちんと伝えていれば警察署に行く必要はありません。急いで帰宅して家族に事情を説明し、知り合いの弁護士を紹介してもらいましょう。

　弁護士に相談すれば、被疑者には、言いたくないことは言わなくてもよく、ずっと黙っていることもできるという黙秘権があること、取調べに際して録音・録画を求められること、供述書面への署名・押印を拒否できることなどのアドバイスを受けられるでしょう。

Advice on one point ⌐

現住建造物等放火罪と非現住建造物等放火罪の違い

　現住建造物等放火罪と非現住建造物等放火罪とでは、法定刑（法律によって定められた刑罰）が大きく違います。現住建造物等放火罪は、「放火して、現に人が住居に使用し又は現に人がいる建造物、汽車、電車、艦船又は鉱坑を焼損した者は、死刑又は無期若しくは五年以上の懲役に処する」（刑法108条）と規定されています。一方で、非現住建造物等放火罪は、「放火して、現に人が住居に使用せず、かつ、現に人がいない建造物、艦船又は鉱坑を焼損した者は、二年以上の有期懲役に処する」（刑法109条1項）と規定されています。

　人が存在する可能性がある建造物等に放火するのは非常に危険な行為であるため、法定刑が重くなっているのです。

Case 2 逮捕されるとどうなる!?

Case1で、Aは、「後日弁護士と一緒に必ず警察署に行くから今日は帰らせてほしい」と伝えたのですが、逮捕状に基づき逮捕されてしまいました。

Aはこの後どうなってしまうのでしょうか。

Answer 2

逮捕されると、次頁の表にあるような流れで起訴されるかどうかが決められます。

Aとしては、弁護人（弁護人には弁護士しかなることができません）を選任して、身体拘束からの解放を目指して活動してもらうべきでしょう。具体的には、弁護人は、Aの釈放を求めてアリバイなどの証拠を集めたり、逃亡や罪証隠滅を疑うに足りる相当な理由がないことを示して勾留や勾留の延長をしないよう、裁判官に働き掛けたりすることになります。

Case 3 起訴されるとどうなる!?

Case1で、Aは、自分は犯人ではなく無実であると一貫して容疑を否認していましたが、起訴されてしまいました。弁護人によれば裁判員裁判になるとのことです。

Aはこの後どうなってしまうのでしょうか。

Answer 3

起訴されると、124頁の表にあるような流れで裁判手続は進行していきます。

なお、刑事事件の裁判手続（刑事裁判）のことを、公判手続といい、冒頭手続、証拠調手続、弁論手続に分かれています。

司法警察職員が逮捕した場合

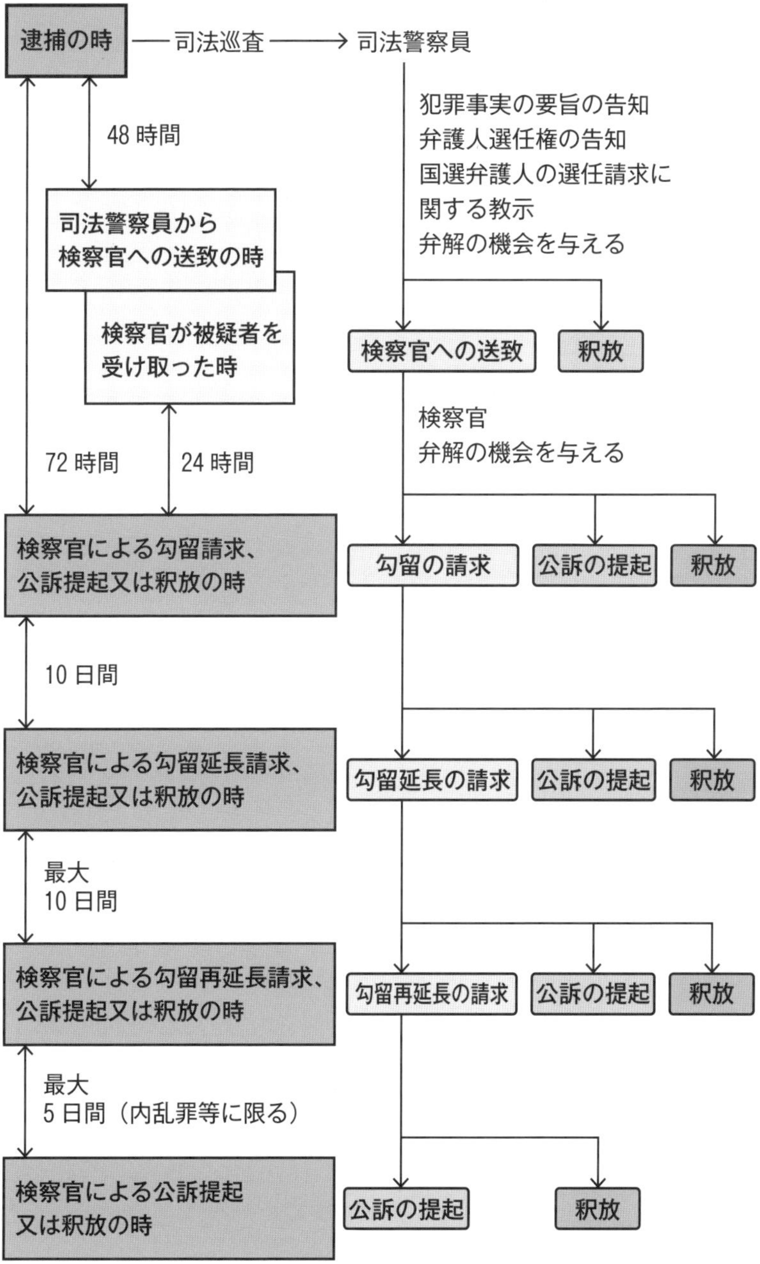

逮捕の時 ──司法巡査──→ 司法警察員

犯罪事実の要旨の告知
弁護人選任権の告知
国選弁護人の選任請求に
関する教示
弁解の機会を与える

48 時間

司法警察員から
検察官への送致の時

検察官が被疑者を
受け取った時

検察官への送致 ／ 釈放

検察官
弁解の機会を与える

72 時間　24 時間

検察官による勾留請求、
公訴提起又は釈放の時

勾留の請求 ／ 公訴の提起 ／ 釈放

10 日間

検察官による勾留延長請求、
公訴提起又は釈放の時

勾留延長の請求 ／ 公訴の提起 ／ 釈放

最大
10 日間

検察官による勾留再延長請求、
公訴提起又は釈放の時

勾留再延長の請求 ／ 公訴の提起 ／ 釈放

最大
5 日間（内乱罪等に限る）

検察官による公訴提起
又は釈放の時

公訴の提起 ／ 釈放

出典：検察庁ウェブサイト

公判請求（刑訴 256）

↓

裁判所受理

↓

公判前整理手続（刑訴 316 の 2 ～ 316 の 27）※

　　※裁判員制度が適用される事件、争点が多岐にわたる複雑な事件等の場合に実施されます。

第 1 回公判期日の指定等（刑訴 273 ～ 276）

（第 1 回公判期日）

（冒頭手続）

人定質問（規則 196）

↓

起訴状朗読（刑訴 291 Ⅰ）

↓

黙秘権等の告知（刑訴 291 Ⅲ 前・規則 197）

↓

被告人・弁護人の起訴事実に対する認否（刑訴 291 Ⅲ 後）

→ 即決裁判手続（刑訴 350 の 8）

→ 簡易公判手続（刑訴 291 の 2・規則 197 の 2）

（証拠調手続）

検察官の冒頭陳述（刑訴 296）

→ 被告人・弁護人の冒頭陳述（刑訴 316 の 30・規則 198）

→ 公判前整理手続の結果の顕出（刑訴 316 の 31 Ⅰ・規則 217 の 29）※

　　※公判前整理手続が実施された場合

（検察官の立証）

証拠調べ請求（刑訴 298 Ⅰ・規則 189）

↓

被告人・弁護人の意見（刑訴 326・規則 190 Ⅱ）

↓

証拠決定（規則 190 Ⅰ）

↓

証拠調べの実施 → 証人等（刑訴 304）

→ 証拠書類（刑訴 305）

→ 証拠物（刑訴 306）

証拠書類等の提出（刑訴 310）

↓

被告人調書等の請求・取調べ（刑訴 301）

↓

被告人・弁護人の立証（前同様の手続）

↓

被告人質問（刑訴 311）

（弁論手続）

論告・求刑（刑訴 293 Ⅰ）

↓

弁論（刑訴 293 Ⅱ）

↓

被告人の最終陳述（規則 211）

（結審）

↓

判決宣告（刑訴 43 Ⅰ・342・規則 34・35）

有罪判決　無罪判決（刑訴 336）　管轄違いの判決（刑訴 329）　免訴の判決（刑訴 337）　公訴棄却の判決（刑訴 338）

（注）決定で裁判が終結する場合
①公訴棄却　刑訴 339 Ⅰ
②移送　刑訴 19・332

有罪判決
→ 刑の言渡し（刑訴 333）
　→ 執行猶予なし
　→ 執行猶予付き
　　→ 刑の全部の執行猶予
　　→ 刑の一部の執行猶予
→ 刑の免除（刑訴 334）

出典：検察庁ウェブサイト

裁判員とは

　あなたが大学の講義を終えて帰宅すると、裁判所から呼出状が届いていました。裁判員裁判における裁判員の候補者になったとのことです。裁判員とはどのようなことをするのでしょうか。

　まず、あなたが裁判員に選任されると、以下の表のような流れで判決まで立ち会うことになります。

① 呼出状が届く

裁判所から候補者宛に呼出状が届きます。

② 選任手続

出頭した裁判員候補者から裁判員を選任します。

③ 公判手続

裁判員は審理に出頭し、証拠を見聞きします。

④ 評議・評決

議論して、判決の内容を決めます。

⑤ 判決

判決は裁判員が立ち会い、裁判長が行います。

125

刑事裁判

日本弁護士連合会ウェブサイト一部加工

Bは、自宅へ帰っている途中で後ろからバイクで近づいてきた何者か
に、肩から提げていたバッグをひったくられてしまいました。必死でそ
のバッグにしがみつき取られないようにしていたため、Bは数メートル
引きずられた挙げ句、バッグまで奪われてしまいました。Bは肘と膝に
擦過傷を負いました。

Bがその場ですぐに110番通報したところ、警察官が駆け付けてくれ
ました。警察官に事情を説明したところ、取りあえず病院に行って傷の
手当てをしてもらうことになり、最寄りの病院に連れて行ってもらいま
した。Bは診断により全治10日間の擦過傷と診断されました。

その後、Bは、警察署において強盗致傷罪の被害者として事情聴取を
受けました。

Bは、犯人に心当たりはありませんでしたが、とにかく警察には犯人
逮捕に尽力してほしいと言って帰宅しました。

警察から連絡はありませんが、今後どのような手続が予想されるので
しょうか。

○ Answer 4 ⊔

Bは、犯罪の被害者であるとともに、目撃者という立場でもあります。

犯罪の捜査は警察や検察が行い、被疑者を訴追し、起訴された被告人
を有罪にするべく刑事裁判を遂行することになります。この一連の流れ
は、国家権力が行います。これに対して弁護人を選任して防御権を行使
するのが、被告人という位置づけです。

Bは、捜査段階で犯人が逮捕された際には、犯人の特定のための捜査
協力を求められます。

犯人が起訴され、被告人が犯人性を争う（自分が犯人ではないと争
う）場合には、被告人が犯人であることを証明するために、検察側の証
人として裁判所に出頭し、証言を求められることになるでしょう。な
お、証人が被告人からの圧迫を受け精神の平穏を著しく害されるおそれ
がある場合には、遮蔽の措置やビデオリンク方式での尋問が認められて
います。また、被害者参加制度を利用し、被害者として刑事裁判に参加
することもできます。

1　あなたが突然逮捕されたら、この後どうなってしまうのか不安で仕方がないと思います。また、弁護士に知り合いなんていないことがほとんどでしょう。刑事訴訟法 203 条 1 項において、「司法警察員は、逮捕状により被疑者を逮捕したとき、又は逮捕状により逮捕された被疑者を受け取つたときは、直ちに犯罪事実の要旨及び弁護人を選任することができる旨を告げた上、弁解の機会を与え、留置の必要がないと思料するときは直ちにこれを釈放し、留置の必要があると思料するときは被疑者が身体を拘束された時から四十八時間以内に書類及び証拠物とともにこれを検察官に送致する手続をしなければならない」と定められています。

　　この規定に基づき、警察官から「当番弁護士」を呼ぶことができると言われました。

　　当番弁護士制度とはどのようなものなのでしょうか。

2　あなたは弁護人を選任するのに、いくらかかるのか想像もつかないでしょう。接見に来てくれた当番弁護士の C 弁護士に「弁護人を選任するお金がありません」と伝えました。C 弁護士からは国選弁護人を選任できると言われました。

　　国選弁護人制度とはどのようなものなのでしょうか。

大人になる君へ

　あなたは自分が犯罪に巻き込まれることなんてないと思っているかもしれません。しかし、現代社会において、あなたが加害者となったり、被害者となったりする可能性はゼロではありません。

　もしもあなたが犯罪の加害者となり、逮捕されてしまったら、自分の無実を証明することはできるのだろうか、留置場から出ることはできるのだろうか、刑務所に行かなければならないのだろうか、将来にどのような影響を及ぼすのだろうか、など留置場で不安に苛まれることになるでしょう。

　もしもあなたが犯罪の被害者となり怪我をしたとしたら、また、あなたの家族が犯罪に巻き込まれて怪我をしたり、不幸にも命を落としたりしてしまったとしたら、考えただけで途方に暮れてしまいそうです。

　しかし、あなたが加害者となった場合でも、被害者（被害者の家族）となった場合でも、必ず誰かがサポートしてくれます。そのための様々な制度が用意されています。

　一人で悩まずに、誰かを信頼し、思い切って相談することも大切です。

Hint Additional Questions
思考のヒント

SECTION 01

　1に犯罪が成立するかどうかは、傘立てに置いてある傘の所有者が所有権を放棄したと考えられる状況かどうかで結論は変わってきます。たとえば、「処分予定の傘ですが、ご自由にご使用ください」と書いた紙が貼ってあれば、所有者の所有権は放棄されていると考えられますので持ち帰ることに何ら支障はないでしょう。一方で、「忘れ物です。持ち主は店員にお声掛けください」と書いた紙が貼ってあった場合にそのまま持ち帰れば、まだ所有者の所有権が放棄されたとは言いがたいので、占有離脱物横領罪（若しくは書店が所有者から保管の委託を受けていると考えれば、書店の傘に対する占有を侵害したとして窃盗罪）が成立する可能性があります。

SECTION 02

　居室内での喫煙が禁止されていなかったとしても、喫煙によってクロスが黄ばみ、たばこの臭いがついているような場合は、通常損耗とはいえず、借主が原状回復義務を負うことになるでしょう。したがって、クロスの張り替え費用を敷金から差し引くという貸主の主張にも一定の理由があります。もっとも、「全てのクロス」の張り替えをする必要があるかどうかはまた別の問題です。仮に全てのクロスを張り替えたとしてもその張り替え費用の全てを借主が負担しなければならないかという点についてはさらに検討を要し、張り替え費用の一部を貸主の負担にしてもらうなど貸主と交渉する余地はあるでしょう。

　借主が居室内で喫煙する場合には、賃貸借契約を締結する段階で退去時におけるクロスの張り替え費用の負担についても確認しておく必要があります。最近は、居室内での喫煙は禁止されているのが一般的です。

SECTION 03

1 制服への着替えが就業規則などで義務付けられている場合には、着替えの時間も労働時間といえるでしょう。したがって、このレストランの取扱い（出勤時はタイムカードを制服に着替えてから押す、退勤時はタイムカードを押してから着替える取扱い）は許されません。Hは着替えの時間分（出勤時と退勤時の合計約20分間）の賃金について支払うよう求めることができます。

2 労働時間の切り捨ては許されません。Hは切り捨てられた労働時間分の賃金について支払うよう求めることができます。もっとも、時間外労働手当（割増賃金）などについては、1か月単位で労働時間を集計し、その結果30分未満は切り捨て、30分以上は切り上げるという取扱いは許されています。Hは、レストランでの労働に関する取り決めが就業規則にきちんと記載されているかどうか、確認すべきでしょう。

SECTION 04

　Eは賃貸借契約の対象となっている「この物件」を借りたいと申し込み、これに対して貸主がその申込みを承諾した時点で「この物件」について賃貸借契約が成立しています。Eがその内心で、「ペットの飼育ができないマンションであれば賃貸借契約を締結することはなく、この物件はペットの飼育ができると思ったから申し込んだ」と考えていたとしても、それは「動機」でしかありません。すなわち、動機に錯誤があるにすぎないのです。民法では、動機の錯誤は、動機が表示されていた場合に限り錯誤として取り消すことができるとされています（民法95条1項2号、2項）。

　では、Eの動機が表示されていたといえるでしょう

か。Ｅは賃貸借契約を申し込む際に「ペット可」の
チェックボックスにチェックを入れています。そうする
と、Ｅはペットを飼っているか、若しくは飼う予定があ
ると考えられ、ペットの飼育ができないならば「この物
件」について賃貸借契約の申込みをしなかったと思われ
ます。つまり、Ｅには賃貸借契約において「ペットの飼
育ができると思ったから申し込んだ」という動機に錯誤
がありますが、この動機は表示されているといえます。

　したがって、Ｅは錯誤を理由に賃貸借契約を取り消
し、貸主から17万円、不動産仲介業者から3万円（税
別）を返金してもらうことができると思われます。

SECTION
05

　異性（ここでは異性をクローズアップしていますが、
同性を排除するものではありません）に対して「結婚」
をちらつかせて金銭を騙し取る手法は、「結婚詐欺」と
呼ばれています。結婚に期待を抱かせ、それにつけ込ん
で正常な判断をできないようにし、金銭を騙し取った後
は連絡を絶つというのが典型例です。しかし、この種の
結婚詐欺師は詐欺の痕跡を残さないことにも長けていま
す。すなわち、詐欺であったという証拠を残していない
のです。たとえば、金銭消費貸借契約を結んでお金を借
りたことにしつつ、返済ができないことを装ったり、住
所だけでなく氏名までも偽ったりして、返還請求を困難
にするなどします。お金を借りただけだから詐欺ではな
いと主張するのです。これを覆すためには、騙す意思が
あったことを被害者が立証しなければなりません。

　ＨはＩに対して、不法行為（結婚詐欺）を理由に500
万円の損害賠償請求をすることになるでしょう。その際
には、Ｉによって500万円を騙し取られたことをＨが立

証しなければなりません。Ⅰからは「騙し取ったのでは
ない。返すつもりだった」と反論されることが多いの
で、これに対しては、刑事告訴をしたうえで捜査機関の
力を借りながら類似の被害者の事例を集めるなど、地道
な立証作業が必要になります。

SECTION 06

犯罪行為の時点で責任能力が備わっていない場合（心
神喪失）には罪に問われず、責任能力が著しく減退して
いる場合（心神耗弱）には刑が減軽されます。これは、行
為と責任は同時に存在しなければならないという刑法の
大原則を表しています。ここでいう責任能力とは、事物
の是非・善悪を弁別する能力（事理弁識能力）とそれに
従って行動する能力（行動制御能力）のことをいいます。

　NはOに対して、顔面打撲や右腕骨折の傷害を負わ
せています。しかし、犯罪行為の時点で意識障害になっ
ていることから、心神喪失者として罪に問われないこと
になるのでしょうか。

　この点については、行為と責任は同時に存在しなけれ
ばならないという刑法の大原則を厳格に貫くか、それと
もこの大原則を修正するかによって結論が大きく変わっ
てきます。現在では、責任能力が備わっている時点にお
いて犯罪行為を計画し、結果的に犯罪行為を引き起こし
た場合には、たとえ犯罪行為の時点において責任能力が
備わっていなかったとしても犯罪行為の責任を負うもの
として、前記の大原則を修正する見解が支配的です。こ
の見解によれば、Nを罪に問うことができます。これ
を「原因において自由な行為」の理論といいます。

　原因において自由な行為の理論としては、責任能力を
欠いている状態の自分を「道具」として利用していると

考える見解や、原因行為（大量の飲酒行為）から犯罪行為の時点までが、行為者の一つの意思決定に貫かれているとして全体を一個の行為と評価すべきであるとする見解、責任能力が備わっている時点での原因行為（大量の飲酒行為）と責任能力を欠いている時点での犯罪行為との間に相当の因果関係や故意・過失の関係があれば処罰できるとする見解などがあります。

これらの考え方を踏まえると、Nには少なくとも過失傷害罪ないし重過失傷害罪が成立することになるでしょう。また、傷害の故意が認定されれば傷害罪が成立することもあり得ると思われます。

SECTION 07

Fの行為はいわゆる「あおり運転」となります。

道路交通法では、他の車両等の通行を妨害する目的で、次のいずれかに掲げる行為であって、当該他の車両等に道路における交通の危険を生じさせるおそれのある方法によるものをした者は3年以下の懲役又は50万円以下の罰金に処する、と規定されています。

ア　通行区分に違反する行為
イ　急ブレーキの禁止に違反する行為
ウ　車間距離の保持に違反する行為
エ　進路の変更の禁止に違反する行為
オ　追越しの方法に違反する行為
カ　車両等の灯火に違反する行為
キ　警音器の使用等に違反する行為

ク　安全運転の義務に違反する行為
ケ　最低速度に違反する行為
コ　停車及び駐車の禁止に違反する行為

Fの行為は前記のウとキに該当することになります。

SECTION 08

　GはHから販売を委託されていたサプリメントが実は覚せい剤であったことを知らないようです。そうすると、Gには営利目的で覚せい剤を譲渡するという故意が欠けているため、営利目的覚せい剤譲渡の罪には問われないとも考えられます。

　しかし、Gは実際にこのサプリメントを1錠飲んでおり、その効能をよく理解しています。このサプリメントの効能から「もしかするとこのサプリメントは覚せい剤かもしれない」という認識があった場合には、未必の故意があるものとして、Gにも営利目的覚せい剤譲渡罪が成立する可能性があります。

SECTION 09

　内定は、始期が付されていたり、企業に解約権が留保されていたりしますが、正式な「労働契約」と評価されますので、客観的に合理的と認められ社会通念上相当な場合でなければ（一般的には解雇に匹敵するような事由がなければ）取り消すことはできないといわれています。

　内定を得た企業のライバル会社でのアルバイト経験を秘匿していた程度では重要な経歴の詐称には当たらず、これを理由に内定を取り消すことはできないと思われます。

　したがって、Dの内定取消しは無効となり、認められません。

思考のヒント

SECTION 10

　申込書に真実を記載すれば消費者金融からお金を借りることができないため、申込書に虚偽の職業や年収を記載して返済可能性があるかのように装ってお金を借りるのは、場合によっては詐欺罪が成立する可能性がありますので注意しましょう。

Cが破産の申立てをした場合、Cについて免責が許可されるためには、免責不許可事由に該当しないことが必要です。

破産法252条1項5号では、「破産手続開始の申立てがあった日の一年前の日から破産手続開始の決定があった日までの間に、破産手続開始の原因となる事実があることを知りながら、当該事実がないと信じさせるため、詐術を用いて信用取引により財産を取得したこと」が免責不許可事由として規定されています。すなわち、Cが支払不能であることを知りながら、この事実がないと信じさせるため、殊更嘘をついてお金を借りれば免責不許可事由に該当する可能性があります。

一方で、任意整理の場合はこのような免責不許可事由はありませんので、特にこのことが問題にはなりませんが、弁済計画を策定していく過程において債権者からは厳しい意見が出る可能性があります。

SECTION 11

Qらの採り得る手段としては、相続の単純承認、限定承認、放棄という方法があります。

Qらが父の相続に関して単純承認すると、資産だけでなく負債も全てそのまま相続して引き継ぐことになります。町工場の土地建物を相続するとともに、5000万円の負債も相続することになります。

一方で、Qらが相続の放棄をすると、Qらは初めからQの父の相続に関しては相続人とはならなかったものとみなされます。相続の放棄は、自己のために相続の開始があったことを知ったときから3か月以内に家庭裁判所に申述をしなければなりません。相続の放棄をすると、負債だけでなく全ての資産を相続することができな

くなります。

　限定承認は、相続によって得た財産の限度においてのみ被相続人の債務及び遺贈を弁済すべきことを留保して、相続の承認をすることができます。しかし、共同相続人の全員が共同してこれをしなければならなかったり、前記の期間内に相続財産の目録を作成して家庭裁判所に提出し、限定承認をする旨を申述しなければならなかったりしますので、あまり利用されていません。

SECTION 12

1　当番弁護士制度とは、捜査機関に身体を拘束された被疑者が捜査機関を通じて、又はその家族などが各都道府県の弁護士会に弁護士の派遣を求めた場合、初回無料で弁護士の接見を受けられる制度のことをいいます。
2　国選弁護人制度とは、貧困などの理由で私選弁護人を選任するだけの資力がない被疑者又は被告人について、国が弁護人を選任する制度のことをいいます。

　国選弁護には起訴前と起訴後の段階があります。前者を被疑者国選弁護、後者を被告人国選弁護と呼んでいます。被告人国選弁護は、日本国憲法に根拠があります。日本国憲法37条3項において、「刑事被告人は、いかなる場合にも、資格を有する弁護人を依頼することができる。被告人が自らこれを依頼することができないときは、国でこれを附する」と定められています。

　一方で、被疑者国選弁護は、刑事訴訟法37条の2第1項において、「被疑者に対して勾留状が発せられている場合において、被疑者が貧困その他の事由により弁護人を選任することができないときは、裁判官は、その請求により、被疑者のため弁護人を付さなければならない」と定められています。

あとがきにかえて

　本書は、問題意識を持ってもらうために【Case】で示した具体的な事例を検討しながら【Answer】で一定の答えを提供して、法的な思考の道筋を示すようにしています。

　一方で、【考えてみよう―Additional Questions―】では、答えを示さず問題の提供のみにとどめていますので、まずはご自身で考えてみてください。

　思考のヒントは前記のとおりです。これを参考にして、ぜひご自身でより深く考えてみてください。

　法的な思考ができるようになれば、本書に掲載された事例のようなトラブルに遭遇したとき、その解決に向けた「想像力」が働くようになります。法律家にとって想像力は重要です。

　一方で、技術の進歩などによる社会の変化に伴って、法律にも不備が生じることがあります。つまり、これまでと同じような解決方法では明らかに不合理な結果が生じることがあるのです。そのようなときに諦めるのではなく、法的な思考を駆使して事態を打開する「創造力」も法律家には求められます。

　この二つの想像力・創造力は、法律家だけでなく、読者の皆さんの人生においても大きな意味を持つと思います。

　大人になるあなたが「Legal Mind（リーガルマインド）」に目覚め、有意義な人生を送ってほしいと切に願います。

　最後に、本書の執筆に当たり、関西大学出版部の柳澤佳子さんには多大なる助言をいただきました。ここに感謝の意を表します。

2021 年 9 月

関西大学大学院法務研究科教授・弁護士　尾島史賢

尾島史賢 （おじま ふみたか） 1977年 愛知県生まれ

尾島法律事務所　代表弁護士
2000年　関西大学法学部卒業
2002年　関西大学大学院法学研究科博士課程前期課程（私法学専攻）修了
2003年　司法修習終了（第56期）、弁護士登録（大阪弁護士会）
2017年　関西大学大学院法務研究科教授
主要著書　「破産管財BASIC－チェックポイントとQ＆A－」（民事法研究会2014年）
　　　　　「あなたは加害者？それとも被害者？」（関西大学出版部2016年）
　　　　　「破産管財PRACTICE－留意点と具体的処理事例－」（民事法研究会2017年）
　　　　　「株式会社・各種法人別　清算手続マニュアル－手続の選択から業種別の注意点まで－」（新日本法規出版2019年）
　　　　　「破産管財手続の運用と書式［第3版］」（新日本法規出版2019年）
　　　　　「実務家が陥りやすい　相続人不存在・不在者　財産管理の落とし穴」（新日本法規出版2020年）
　　　　　「破産管財ADVANCED－応用事例の処理方法と書式－」（民事法研究会2020年）
　　　　　「実務家が陥りやすい　破産管財の落とし穴」（新日本法規出版2021年）

法的思考のススメ
大人になる君に知ってもらいたいこと

2021年10月12日発行

著者　　尾島史賢
発行所　関西大学出版部
　　　　〒564-8680 大阪府吹田市山手町 3-3-35
　　　　TEL 06-6368-1121／FAX 06-6389-5162
印刷所　尼崎印刷株式会社
　　　　〒661-0975 尼崎市下坂部 3-9-20